ちくま学芸文庫

米陸軍日本語学校

ハーバート・パッシン
加瀬英明 訳

筑摩書房

米陸軍日本語学校　目次

第5章　日本語学校卒業生の系譜　209

米陸軍日本語学校

序にかえて

この本は、ひとりの外国人の日本との出会いの記録である。日本にかかわりをもった者は誰でも、その人なりの独特な体験があるものだ。もちろん、こうした体験には、誰にでも共通した要素があるだろう。そうはいっても私は、どのような意味からしても、己の体験を典型的なものとして示すつもりはない。私の体験は、それ自体がそなえた軌跡をたどり、そのときどきの原因と結果が重なり合って生まれたものという意味で、独特なものである。それにしても、多くの出会いのうちの一つにしかすぎない。

第二次世界大戦中に、アメリカの陸・海軍はともに、日本語の修得を目的とする学校を設立した。その結果、史上初めて、合衆国は日本語を真正面から国家的な課題としたのである。同じ時期に日本が英語を軽視するという正反対の方向に向かったことは、歴史の皮肉の一つといえよう。

この、歴史上初めてといえる転換が、おぞましい二つの事態の産物であったこともまた皮肉なことだった。第一の新しい事態は、戦争そのものであった。日本は敵であり、各地の戦場で戦争を遂行するために敵の言語を操る能力を必要としていた。第二は、戦争が日系アメリカ人の立場を変えたことである。合衆国には日本生まれのアメリカ市民や居住者が何十万人もおり、したがって日本語を使える人間が少なくとも数万人存在した。しかし、これら日系人は十分に活かされることはなかった。なぜなら一般のアメリカ人、とりわけ軍関係者や文官は、日系人を信用しなかったからである。日系人は、少なくとも戦争の初期には、敵国日本の一部と考えられていたのであった。

もちろん、ここには根強い人種差別があったが、そのすべてが人種差別によってもたらされたわけではなかった。ドイツ系アメリカ人はアメリカ人の主流から人種的には区別されないが、第一次世界大戦中は、ドイツ系アメリカ人も差別され侮辱された。まったく馬鹿げたことだったが、ベートーヴェンをはじめとするドイツ人作曲家の手になる作品の演奏を拒んだり、ドイツ人によって書かれた本や詩を読むことを拒んだりすることが愛国的だと考えられた時期があった。多くのドイツ系アメリカ人が姓をアメリカ風に変え、「ザウエルクラウト（キャベツの酢漬け）」は「リバティ・キャベジ（自由キャベツ）」という名になった。

それにしても、ドイツ系アメリカ人は、日系人が体験したような自分の家から立ち退かされるというようなことはまったくなかった。もっとも、ドイツ系の住居が軍事的に重要だとみなされた地域に集中していたということもなかった。日系人は西海岸からのみ立ち退かされたことを、忘れないでほしい。他の地域で暮らしていた人びとは、立ち退かされるようなことがなかったし、転住キャンプに移動させられることもなかった。

とにかく、こうした事情によって、米軍は数千人の非日系アメリカ人に対して日本語研修を行なった。私はそのなかの一人である。戦争を遂行するにあたって、われわれがどれだけ重要な役割を果たしたかについては、議論の余地がある。しかし後に、この訓練の副産物こそが最も実り多いことがわかった。軍の日本語学校は、アメリカの大学の戦後世代の日本学者とその次の世代を教育する人材を数多く輩出させたからである。そして、日米関係がこれほど広範な形にまで発展するはるか以前に、彼らは、アメリカと日本の〝懸け橋〟になった。

一九四四年の春から戦争が終わるまで、私は軍務という名の下に、戦争当事国の兵役適齢者としてはまず考えられないような特権を受けた。すなわち、日本語修得である。この期間に、数百万の兵士が世界中いたるところの戦場で戦い、傷つき、そして死んだ。そのうえ、数え切れないほど多くの民間人が、自分で自分を守ることができるという気休めさえもなく、なす術もなく殺されたり死んだりした。私の弟はキール運河爆撃中に北海で撃墜され、ドイツ空軍の捕虜となった。

しかし、私や同僚の言語研修生たちは、こうしたことを五里霧中のうちに、マスコミを通じて、あるいは友人や親戚、または人種、宗教、学校、祖国を同じくする仲間といった、われわれ自身の個人的な情報を通じてのみ、知ることができた。数千人に及ぶわれわれ言語研修生は、それぞれ陸軍と海軍に配属された。約六〇〇〇人いた日系人は、初めのうちは敵と同人種という理由でアメリカの国民としての資格にもとると思われていたが、やがては完全な国民として、また戦友として受け入れられた。われわれのうち約二〇〇〇人はアメリカ人であった。われわれは将校待遇を受けたが、日系人は下級兵士の地位に甘んじなければならなかった。

言語将校の任務は、戦闘員や非戦闘的な軍事組織の退屈な日課に就かされた人びとには楽な任務として映ったが、この計画の立案者にはそういうつもりはなかった。言語将校は、困難な任務を担わされて研修を受けたのである。つまり、アジアや太平洋のいたるところで、日本帝国の軍隊と戦う部隊の情報部員となるため、捕虜の宣撫のため、そして日本占領のために。日本占領は戦争の必然的な帰結だと思われた。もしわれわれの日本語研修がもっと進んでいたら、他のどんな軍務にも劣らず危険なものだったにちがいない。

そして実際、日本語学校の初期の卒業生のほとんどは、最後には太平洋各地で前線任務に就いた。だが私や仲間たちは、戦闘とはほど遠いところで行なわれている訓練が完了する前に戦争が終わるという偶然に恵まれたのだった。しかし、われわれの仲間にとっては、戦争がたまたまそういう終わり方をしたにすぎなかった。つまりわれわれは、日本語を学びながら戦争の日々を過ごし、研修が終わる前に戦争が幕を閉じたのである。

この本は、個人的な体験とそれが直接もたらしたもの、一年前後の私の最初の日本滞在を含めて一九四四年の春から四六年の終わりか四七年初頭までの期間を綴ったものである。したがって、自伝的な色合いはあっても、自伝ではない。三年そこそこの日々についても、完全な記録とはいえない。陸軍日本語学校や日本占領の初期に関する客観的な歴史を記述しようというつもりもない。この本は、当時の出来事に私がどのようなかかわりをもったかを書いた私的な記録なのである。目まぐるしいほど変化に富んだ環境にあって、日本に関する私の知見が徐々に広がっていったその体験を描いたものなのである。

私は、卒業した人びとの数だけ、他の人が体験した日本語学校の歴史が存在する、と信じている。私にとっての日本語学校は、軍の日本語学校とは違うし、日本言語学校とは違うし、日本語学校についてのさまざまな解釈をまとめようなどとは思っていない。それぞれの解釈はすべて正当な根拠をもっており、同時にそのすべてが一面的であると思う。われわれ言語将校はいずれも避けることのできない共通の体験にさらされたが、重なりはするがぴったり一致することはない独自の個人的な世界をもちながら、共通の体験をもつことになったのである。われわれ各人の個性は、共通の体験によって消え去るようなことはなかった。

日本語学校は、私にとっては一つの経験であった。なぜならば、私は二十代後半の、一歳半の子供をもった既婚者であり、特殊な背景、特殊な動機、特殊な価値観をもった人類学者として、日本語学校に入ったのであり、たとえ同じクラスに属し、同じ教師と教科書をもち、寄宿舎を共にしたとしても、まだ大学を出ていない南部出身の二十代の連中とは、お互い別世界の住人だったたし、興味の対象も異なっていたのである。決して私は、この記録を、共通の経験についての仲間たちの体験を述べるために始めようとは思わない。

占領に関する私の体験も、他の人の体験と同じではない。それは、他のアメリカ人の体験と異なるばかりでなく、日本人の体験とも明らかに異なっている。われわれアメリカ人が比較的安楽にそして勝利者の気分に満ち足りて生活していた事実と、ほとんどの日本人が生活に苦しみ敗北を甘受しながら困難な時期を過ごしていた事実とは、明らかに異なる。日本で任務に就いた早々、私は博多で、日本人すべてが同じように戦後を体験したのではないこともはっきり知った。一部の人びとが非常に苦しんでいるなかで、いい思いをしている者もいた。ヤミ屋や隠匿物資を握っていた者ばかりではなく、当時、食糧という最重要物資を丸抱えにしていた多くの農民も、受益者であった。そして、農民は――日本がいまや高度に発達した都市工業社会であることを思い起こすと、夢のような話だが――人口のほぼ二分の一を占めていた。

戦争がすべての人びとの生活を変えてしまう、とよくいわれる。一般的には悪いほうへ変わることを暗示してはいるが、ある意味でこれはもちろん真実である。人間は、戦争が人類にとって悲劇であることを理解するのに、死と破壊――数え切れないほどの個人的な悲劇、生活の破壊、非人間性、大量殺戮《さつりく》、気違いじみた傲《おご》り——だけを考える。しかし、すべての人にそれが当てはまるわけではない。ある人たちにとっては、戦争は解放の時であり、千載一遇のチャンスでもある。

すなわち、抑圧された民族にとっては解放の機会であり、職業軍人にとってはスピード出世の機会であり、実業家にとっては金もうけの、科学者にとっては平和時には想像もつかないほどの研究費が供される、技術者にとっては新しい技術を発展させる、普通の人びとにとっては日常生活の退屈から脱け出すことのできる、農民にとっては取引条件を好転させる、気の小さい者にとっては手にすることのできなかった権力を振るうことのできる、国家にとっては国家目的を遂行する、絶好の機会なのである。

私は、自分が戦争を楽しんだという印象を残したくない。戦争の悲劇は私の心の奥底に刻み込まれている。しかし、戦争は私の人生を一変させた。ラテンアメリカ専攻の人類学者になるはずの私は、まったく別の方向へ進んだ。そのときからずっと、私の人生は深く日本と結び付いている。この進路変更が良かったか悪かったかはともかく、明らかに私は、それ以後歩むはずの人生とは違った人生を歩み、違った人間になったのである。

第1章　未知の世界——日本

生いたち

日本とかかわりをもった外国人誰もが、その人なりの日本との出会いをもっている。ひとりひとりの出会いは、美化しがちな思い出のなかで、どうみても運命のいたずらとしか思えないかけがえのない一連の出来事の糸につながっている。もっと冷ややかな目で眺めると、その一こま一こまはどことなくルーブ・ゴールドバーグ（アメリカの漫画家。からくり的な絵で有名）の漫画に出てくる安手な機械仕掛けに似通ってくる。どの出来事をとっても、もしも一つの偶然がある瞬間に起こらなかったとしたら、それに続いて別の偶然も起こりえなかったと思われるからである。もし私がデトロイトの街角でかつての学友にひょっこり出会わなかったら、私は決して陸軍日本語学校に行かなかっただろう。もし私が徴兵を待つあいだに戦時転住局の仕事に就かず、またデトロイト勤務を命じられなかったら、昔の学友に会うようなことも決してなかっただろう。もし私にたまたまそのとき子供がいなかったら、徴兵は延期されなかっただろう。これが、〝縁がある〟とか〝運命〟とかいう言葉の意味するところなのであろう。

日露戦争と日本

それでもやはり、私は知らないうちに、日本に強く影響を受けるようになっていた。二十五の歳まで「蝶々夫人」から受けたほのかな夢見心地、おぼろにかすんだ色あでやかな着物、膝から身体を曲げる優雅な挨拶、そして長い黒髪の鬘《かつら》を除いては、実際、心のなかに日本に関するイメージは存在しなかった。日本について幼年時代にもっていた唯一の記憶は、ウクライナから合衆国に移住した両親が折に触れて話してくれた日露戦争のことだった。日露戦争が、私に多少は影響を及ぼしたのではないだろうか。後になって、私が結局日本学者《ジャパノロジスト》になったとき、日露戦争が世界中の植民地の民族に与えた影響について知ることになった。

スピアというインド史研究家がいっているように、「日本によるロシアの衝撃的な敗北は、……インド人の心を早鐘のように打ち鳴らし、若々しい未来への夢をかき立てることになった」。また、カーゾン卿（インド総督）が書き留めたように、「日本の勝利のこだまはアジアの囁きの回廊を雷鳴のように駆け抜けた」のである。インドネシアについても、ルイス・フィッシャーが同じ調子で記している。――「それまで、アジアの民族がヨーロッパの国を打ち破ったことは絶えてなかった。ロシアに対する日本の勝利は、東洋の民族運動に大きな力づけとなった。日本の勝利は、すなわち〝われわれは勝てるのだ。白人は無敵ではない。われわれの劣等感を拭い去ろう〟ということを意味した」(『インドネシア――ある国家の歴史』)。

私が初めて日本の勝利を知ったのは、ロシア国内に及ぼした影響によるものだった。その時期の進歩主義者や革命家の多くにとって、日露戦争での帝政ロシアの敗北は、歓迎すべき事態だった。そして帝政ロシアの敗北は、一九〇五年のロシア第一革命の背景の重要な一ページとなった。このことは、多くの日本人にとっては驚くべきことかもしれないが、レーニンは、思いがけないことだが好意的な見方で日本を考えていた。「進歩し、前進したアジアが、遅れた反動的なヨーロッパに打撃を与え、ヨーロッパはそこから立ち直れないだろう」と。ルイス・フィッシャーが記しているとおり、「レーニンは日本の軍事の技量を進歩と同一視した。日本の軍隊……は自由の原動力となった」「大連の降伏は」、レーニンは言った。――「ロシア帝政の降伏への序曲である」(フィッシャー『レーニン伝』)。そして、トロツキーの考えを要約すると、日露戦争は一九〇五年革命の勃発を早めたということであった。

父母のこと

私の母は、その当時オデッサの女子高校生だった。母は、帝政ロシアという巨象は無敵ではなくいずれは倒される日が訪れるかもしれないという心ふるわせる希望が、学校のなかや友達のあいだにみなぎっているのを感じていた。

父は、十八世紀末に女帝エカテリーナによって開かれた入植地のある村を開拓した一家の七代目であったが、父の村のユダヤ人農民はロシア文明とは無縁の生活を送っていた。ユダヤ人農民にとって、ロシア人、あるいはもっと正確にいうとウクライナ人は、〝われわれ〟に敵対する〝彼ら〟であった。二、三年おきに、隣村のウクライナ人は、迷信深く排他的で、憎悪の大波をかき立ててすぐ隣に住む異教徒のよそ者であるユダヤ人に組織的迫害《ポグロム》を加え、はけ口を求めた。

父の日露戦争に関する記憶は、帝政ロシアの敗北によって胸おどらせるような新しい政治的な可能性が開かれたことよりも（もっとも、これは母やその都会の知識人の友人たちを非常に興奮させたが）、むしろ〝彼ら〟が敗れた喜びであり、ロシア人を破った人たちに対する感謝の念であった。しかしながら、戦争は父の小さな世界に二つの重要な影響を及ぼした。

まず第一に、多くの若者が陸軍に召集された。兵役逃れの手段として役所にワイロを送ったり、偽の身分証明書を手に入れたり、ロシアのどこか別の土地に逃げ出したり、アメリカに移民したり、といった絶望的な手段が講じられた。アメリカは、街路が黄金で舗装され、ユダヤ人が人間として受け入れられる海の彼方の夢の国だった。日露戦争のおかげで、父の目の前に初めてアメリカが登場したのである。

第二の影響は、ポグロムだった。祖国の敗北と彼らの〝リトル・ファーザー〟であるツァーの恥辱に怒り狂ったウクライナの農民たちは、いけにえの羊を待ち構えていた。そして東欧では、ユダヤ人がその目的のためのおあつらえ向きの標的になった。帝政ロシア政府の常套手段は、ユダヤ人に対するポグロムへと大衆を駆り立てることによって、大衆の怒りをそらせることだった。通常は、ポグロムは田舎司祭によって先導された。政府によって促された主要なポグロムは、一八八一、八二年、一九〇三年、一九〇五年に起こった。ウクライナ人は、ロシア正教徒ではなく、カトリック教徒だった。そして、カトリックの司祭にそそのかされた〝彼ら〟は、騎馬や徒歩で父の村に押し寄せ、家々を焼き払い、馬や家畜を解き放ち、手が届くかぎりのあらゆる人間を、ひとりひとり、老若男女を問わず殴りつけた。

アメリカ移住

しかしながら、父の世代は、前の世代ほどやすやすとは脅かされなかった。戦場から帰還した兵士や村の屈強な若者たちが、強力な自衛団を作った。最初の夜がまだ明け切らないうちに、ウクライナの農民たちが二度と戻ってこないように、彼らの村に追い払った。次に父の村のユダヤ人が攻撃を受けたのは、それから四〇年もあとのことだった。だがこのときのポグロムは、ウクライナを占領したナチス・ドイツによって行なわれたものだった。このときに生き残った者は、一人もいない。

一夜明けた次の日、村のここそこは灰燼に帰し、あちこちに火が燃えていた。しかし、殴打されはしたものの、殺された者はいなかった。村人は、勝利感と苦々しさの入り混じった感情で災厄の夜を終えた。勝利は素晴らしかったが、そのような勝利が必要な世の中について、いったい何を言えばよいのだろうか。この経験は、私の父や親戚をはじめ多くの村人に、これ以上この土地にはとどまれないという考えを起こさせた。そのときから、アメリカへ行くために、あらゆる努力がつぎ込まれた。

このように、私の人生は、実際には私が生まれる前から、すでに日本の影響を受けていたのである。日本がロシアを敗北に追いやったことによって、ウクライナの農民は父の村にポグロムを仕かけた。その結果、父はアメリカに渡ることになり、時がたって、私がアメリカで生まれた。

〝日本〟との出会い

バレエと日本

この、生まれる前から予定されていた運命にもかかわらず、〝日本〟が私の心をほんの少しでもかすめた回数は、五指にも満たなかった。高校時代はバレエ狂だったので、たとえばソノ・オーサトというバレリーナが日本人であることを知っていた。そして私は、いままで目にしたなかで彼女ほど美しい神の創造物はない、とつねづね思っていた。

私がシカゴの高校に通っていたころは、コンサート・ホールでは、音楽専攻の学生は案内係を勤めさえすれば自由に公演が観られることになっていた。人気のあるプログラムであればあるほど、案内係に選ばれる特典を得ようとして熱心な学生たちの長い列が、シカゴのオーケストラ・ホールやオーディトリアムの従業員入り口にできた。私たちのなかでもとりわけ熱狂的なバレエ・ファンである常雇いの案内係たちは、踊り子を、特に若い少女やその家族を数多く知るようになった。私は、ソノ・オーサトがその母親と当時十四歳ぐらいの、そしてどちらかといえばソノよりはるかに私を魅了した妹といっしょにいるのを、よく目にしたものである。

しかし、この行きずりの出会いにしても、私の関心を日本に向けさせることにはならず、ただ私がバレエについて知っていること、つまり「ロシア・バレエ」はロシア人だけの民族舞踊の一種などではなく、むしろ一つの〝ジャンル〟であることを、実感として納得させた。モンテカルロ・ロシア・バレエ団でリアブーチンスカヤやダニロワ、トマノワなどのロシア人と共演したソノ・オーサトは、私を強烈にひきつけた。あたかもノルウェー人のヴェラ・ゾリナが共演しているような印象を受けた。

日本人と初めて顔を合わせたのは、シカゴ大学においてである。それは二人のクラスメートであった。一人は、日本人の外交官の父とデンマーク人の母をもった娘で、あまりにも美しかったので私には近寄りがたかった。その娘は同級生と結婚し、二人とも水準の高い州立大学で人類学を教えるようになった。もう一人は、ずっと心安かった。カリフォルニア生まれの二世であるその女性は、聞きづらくないアクセントで話したが、彼女も同級生と結婚した。ご主人は日本占領時の言語改革にあたって、専門家の立場から顧問になった。

社会人類学の窓から

シカゴ大学の人類学部では、すでに日本に対する知識はかなり深いものがあり、学生もそういった雰囲気に無縁ではいられなかった。大学創設期の人類学者フレデリック・スターは、すでに二十世紀の初めから日本を訪れていた。スター——日本で知られていた名前では〝札《ふだ》博士〟——は、何度か数え切れないほど現地調査のために日本を旅行し、数多くの書物や論文を執筆していた。『山陽行脚』は、彼の日本で最もよく知られている著作であり、一九一七年に『大阪朝日新聞』に連載された論文を集めたものである。

しかし、スターは二つの理由から、私の学問的成長にほとんど影響を及ぼさなかった。その第一は、私がシカゴ大学に入ったときには、彼はとうの昔に大学を去っており、したがって、彼に会うことも、彼が担当した講座に出席することも、まずありえなかったということである。

第二の理由は、その時期のわれわれにはスターは理論的に非常に不確かな、あるいは理論をもたない古いタイプの民族学者として映ったことである。当時の私たちの心をとらえていたのは、現代の注目を浴びている人類学を形造ることになった草創期の論争であった。つまり、機能主義対伝播主義、全体主義対要素主義、フロイト主義対行動主義、構造主義対異国趣味《エキゾチシズム》、の対立であった。当時の英雄は、ラドクリフ゠ブラウン、レッドフィールド、マリノフスキー、ベネディクト、そしてサピアだった。スターによって代表される悠然として古めかしいタイプの人類学者は、私たちの興味の埒外《らちがい》にあった。

私が初めて日本を訪れて半年ほどたったころ、一九四六年七月のある日、たまたま奈良郊外の若草山の近くを友人と散策していると、〝性の博物館〟という触れ込みの建物に行き当たった。もともとは大きな農家か、さもなければおそらく「庄家」の屋敷を博物館に改造した建物で、埃っぽいガラスケースの中に、工芸品、絵画、記録文書といった雑多な蒐集品が収納されていた。ところがその前庭に、札博士の像が立っていたのである。私は突然、札博士が自分の大学のスター教授であること、そしてたとえ〝性の博物館〟であったとしても、彼の名前を冠した博物館が創られるほど博士が日本で広く親しまれていることを知り、シカゴ大学に対する誇りの念が胸にわき上がるのを覚えた。またそれと同時に、学生時代に彼に対してさほど関心を払わなかったことを恥ずかしく思った。

私と同世代の人類学の徒がずっと深く知っていたのは、ジョン・エンブリーの研究だった。エンブリーはシカゴ大学で学位を取得した人であるが、彼の熊本県須恵村に関する研究は、現代的な観察手法と理論的枠組を駆使した、外国人による初めての日本に関する社会人類学的研究だった。

しかし、エンブリーの著作から私が摂取したものは、日本についての記述よりも、レッドフィールドの「農民社会《ペザント・ソサイエティ》」という概念（この概念はレッドフィールドのいう「民俗社会」と「都市文明」のあいだにある理念型である）が、単に彼がその理念型を現地調査によって発展させた特定の地域（メキシコのテポストランや、ユカタン、グアテマラなど）で適用できるだけでなく、世界中のどの時代のどの場所にも適用することができる一つの科学的な体系である、という確信だった。

したがって、エンブリーの研究によって理論については多くのことを教えられたが、日本そのものについてはほとんど教えられるところがなかった。とはいえ、私が初めて日本を訪れたとき、実は自分が知らず知らずのうちにエンブリーによって影響されていたことを悟るようになった。日本を分析した私の最初の論文は、「日本——民俗社会と都市社会の間」という表題であったが、それは、民俗的要素や農民的要素が都市生活においても果たしつづけている重要な役割を理解せずに日本を理解することは不可能である、と主張したものであった。今日の私は、その着想を得た一九四六年当時ほどは、この考え方に重きを置いていない。だからここでは、レッドフィールド学派とエンブリーによるその学説の進展が私の日本に対する最初の知見に強い影響を与え、民俗を重くみる視角が私の関心を柳田国男に導いたという事実だけを記述するにとどめたい。

ソール・ベローと味わった〝日本〟

私が初めて日本の料理を口にしたのは、二十一歳のときだった。そのとき、ソール・ベロー（ノーベル賞作家）といっしょに日本レストランで私たち二組の結婚祝いの晩餐をとった。ソールは高校時代からの親友人の一人で、私たちのガール・フレンドは二人ともシカゴ大学のルームメートだった。ソールのガール・フレンドは社会福祉を専攻し、私のほうは心理学を学んでいた。私たちは、二組同時に結婚しようと決めたのである。

一九三七年の年末のことで、イリノイ州法は結婚するにあたって健康診断書を必要とし、診断の結果が出るまでに数日かかった。だが、隣のインディアナ州にはそういった規則はなかったから、大晦日の日に、それぞれの両親に許可をもらうことも、知らせることさえもせずに、私の花嫁の一九三四年型フォードに乗り込み、シカゴから約二時間のインディアナ州ミシガン市の治安判事のところまでドライブした。

式のあと、車でシカゴに戻り、ことがことだったから、私たちはそれを祝うために何か記念になることをすることにした。「日本レストランに行こう」と、ソールが言いだした。当時、シカゴのニア・ノース・サイドにウィステリア（藤）亭というたった一軒の日本レストランがあり、ソールは以前そこに行ったことがあった。私は一度も行ったことはなかった。

「日本料理？」――私はおそるおそる尋ねた。「生の魚やなんかだろう？」

「君は人類学者だろう」――ソールは高飛車に言った。「何だって食べられるはずだよ。それなのに、君はほんのちょっぴりの日本料理に尻込みするのか？」

そこで、みんなでウィステリア亭へ出かけてゆくと、いまでも彷彿とするが、太った温かみのあるおかみが新婚ほやほやの私たちに、〝酒〟をたくさん飲めとか、少しずつだがおいしい料理をたくさん食べろとか勧めながら、めん鳥《どり》のようにしゃべりまくった。この経験によって私が得た最大の印象は、海老のテンプラはとてもおいしい料理だということだった。魚、なかでも生の魚が、いまでは私の大好物になっていることを考えると、誰かほかの人に起こったことのような妙な気がする。私が初めて新鮮な刺し身を食べたのは一九四六年で、場所は博多の西公園だったが、いままでこんなにおいしいものを食べたことはない、という気持ちでいっぱいだった。

こうした経験ともいえないようなささやかな経験は、消極的な意味で、つまり戦前のアメリカと日本の関係と比べてさえも、私と日本との関係は取るに足らないものであったという以外に、詳しく語る価値はほとんどない。

駆け出しの社会人類学者として私が初めて訪れた外国は、ラテンアメリカ地域だった。一年間を、メキシコでタラウマラ・インディアンと生活して過ごした。私はスペイン語を流暢に使えたし、タラウマラ語もかなり巧みに操ることができた。どう考えてみても、私の人生をあげてこの道に進むことになりそうであった。一九四一年の九月、私はノースウエスタン大学の人類学科で教職に就くことになった。

戦争の嵐のなかで

偽の戦争

すでにヨーロッパの戦争はしばらくのあいだ続いていたが、私が初めて戦争を真剣に受け止めるようになったのは、メキシコに到着してしばらくしたときだった。多くのアメリカ人と同じように、〝偽の戦争《フォニー・ウォー》〟の月日は私を非常にシニカルにし、戦争の深刻さを痛感するようなことはなかった。急進的な学生時代は、私はオックスフォードの誓い——国王や国家のためには闘わない——を支持していたし、ヨーロッパを混乱に陥れているナチスの動きを知っても、〝偽の戦争〟は私の単純な平和主義を少しも動揺させなかった。

私の平和主義をぐらつかせたのは、フランスの降伏だった。私はチワワ市でメキシコ人の教師仲間と、そのうちの幾人かはきわめて熱烈な共産党員であったが、ビールやテキーラを飲みながら、フランス降伏のニュースを耳にした。そのときわれわれ全員が、共産党員でさえ、まるで歴史の冷たい指がわれわれに触れたような悪感が走ったことを、思い起こすことができる。次の瞬間、つい先ほどまで私にとってまったく疑う余地はないと思えた冷笑的な平和主義の主張が頭のなかから消え去っていたのだった。共産党員たちの信念は明らかにぐらついていたが、彼らはまだ戦争は帝国主義国のあいだの争いだと主張しており、この公式見解を一九四一年六月の独ソ戦開始まで支持しつづけた。しかし、ナチスがソ連に侵入するやいなや、戦争の〝本質的性格〟は一変した。それ以来、われわれは意見の一致をみた。

しかし、〝日本〟はまだ私の描く世界図には現われていなかった。私にとって、戦争はヨーロッパの戦争であり、敵はヒトラーだった。一九四一年十二月、ノースウェスタン大学の教職に就いて四カ月目の日曜日の朝、暖かい風呂につかりながら新聞を読んでいたとき、真珠湾攻撃のラジオ放送が私を驚かせた。というのも、ヨーロッパの戦局の行方にすっかり心を奪われており、実際のところ、太平洋の情勢については何ひとつ知らなかったからである。

私の最初の反応は、われわれがヨーロッパの戦争に参戦する口実を与えてくれた日本に対して、感謝ともいえるような気持ちを抱いたことだった。そして当時、多くの他のアメリカ人と同様、アメリカもヨーロッパの戦争に参戦すべきだと私は考えていた。それに、もしたまたま日本人がルーズヴェルトの術策にはまって先制攻撃を加えたにしても、私には反対する理由などまったくなかった。そのころになると、ナチスがヨーロッパのユダヤ人絶滅を計ろうとしているという最初の耐えがたいニュースが、世間の耳目に達しはじめており、にわかに、アメリカはユダヤ人絶滅計画については何もしていないというゾッとするような事態になっていた。アメリカ人の大部分はまだ孤立主義を支持していて〝アメリカ第一〟の傾向が強く、〝アメリカ大要塞《フォートレス・アメリカ》〟の観念が深く根を張っていた。だから「連合国への武器貸与計画」は、議会の反対や逡巡《しゅんじゅん》にもかかわらず、連合国を助けるためのルーズヴェルト大統領の賢明なる策略であった。ドイツ人は細心の注意を払い、アメリカ世論をひどく刺激して紛争を起こすようなことは避けていたが、日本がアメリカの国民を怒らせてしまった。

　このようなことがあった日の翌日、私は複雑な気持ちで担当する学生たちと顔を合わせた。「今日、人類学よりもはるかに真剣に考えなければならないことがあると思う」と私は述べ、学生たちは休講になったことを喜びながら解散していった。

パール・ハーバーの衝撃

〝真珠湾〟は、戦争の衝撃をもたらしたばかりでなく、私の人生にも決定的な変化をもたらした。それがどれほど決定的であるかは、ずっとあとになるまでわからなかった。教職に就いた最初の学年の終わりに、初めて調査研究《サーベイ・リサーチ》に従事した。ノースウェスタン大学の社会心理学者の同僚アンガス・キャンベルに招かれ、私はアメリカ農務省農業経済局に設置された計画調査部に加わった。この計画調査部は戦後、調査研究所《サーベイ・リサーチ・センター》という民間機関になり、おそらくアメリカの代表的な調査機関になってそっくりミシガン大学に移った。十数年後、最終的にキャンベルはそこの所長になった。

占領下の日本で、私が世論および社会学調査班の主任に任命され、農村社会学に永続的な興味を抱くようになったのは、このような経験があったからである。そうこうするうちに、日本の農地改革計画にまつわる研究に没頭することもできた。

兵役猶予と浪人

一九四三年、間もなく陸軍に召集されるだろうと予測し、私は職を辞した。タラウマラ族の資料の記憶が鮮明なうちに少しでもその仕事を進めたかったし、妻と生まれたばかりの息子といっしょにもうしばらく過ごしたかった。いったん入隊すれば、学究生活や家庭のために多くの時間を割くことなどまずありえない、と考えていた。蓄えを計算してみたところ、これで三カ月間はやっていけるという目処がついた。しかし、この三カ月が終わらないうちに、選抜兵役局は扶養の必要な子供をもっている父親の兵役を当面猶予する規則を発令した。私は民間人としての生活を延ばせることを喜んだ。

ところが、三カ月が四カ月になり、四カ月が五カ月になってくると、蓄えは底をつくようになってきた。そこで私は、兵役に就くまでは家族を養ってゆくために仕事に就いたほうがよいと決心した。しかし、兵役猶予中の健康な男子が職を得ることは、なまやさしいことではなかった。大学、企業、それに政府機関——人類学者が職を見つけるのに最も好都合な場所——は、いついかなるとき兵隊にとられるかもわからないような人物を雇おうとはしなかった。

日系アメリカ人

私に戦時転住局に応募することを勧めてくれた少年時代の友人に出会ったのは、このころのことである。戦時転住局は、西部諸州から追放された日系人を対象として設けられていた。思い起こしてみると、日系アメリカ人は、最初、カリフォルニア、オレゴン、ワシントンの各州から、西部や南西部の諸州に設けられた一〇カ所の強制転住キャンプへそっくり移住させられた。それからしばらくして、ほんの少しずつではあるが、適性基準にかなった人びとは別の地域に移住することを許可された。幾人かの人類学者が、戦時転住局に所属して主としてキャンプで働いていた。日本人はとても変わっているので、日系人を管理するためには人類学者——異国的な非西洋系文化の専門家——が必要と思われたのが、その理由のようであった。驚いたことに、私の求職は受け入れられた。しかし、期待していた転住キャンプ派遣はかなえられず、デトロイトに送られた。私の任務は、日系アメリカ人のために職や住まいを見つけてやることであり、地域社会で彼らを援護することであった。その当時は、日系人に対する偏見が強かったので、この仕事はかならずしも容易なものではなかった。

デトロイト

戦時中の最悪の人種偏見事件、それは一九四三年のソージャーナ・トルースという団地で発生した人種暴動で、その事件のわずか数カ月後に私はデトロイトに赴任した。デトロイトに着いたときも、大暴動の余波はまだ尾を引いていた。

私は初めて個人的に、いまやマイノリティ（少数民族）関係の研究者にとって常識となっている現象を身をもって知ることになった。その現象とは、マイノリティ・グループ同士のあいだにみられる偏見である。日系アメリカ人に反感をもっていたのは、経営者よりもむしろ労働者だった。工場や事務所に勤め口を見つけてやる前に、たとえば日系人に仕事を与えるように労働者をじっくり説得し、根回しを行なわなければならなかった。だいたい経営者は日本人労働者の採用にきわめて積極的であったが、決まって「君がまず労働者と組合を説得してください」と言ったものである。

ポーランド系と黒人の労働者にはいちばんてこずらされた。敵意に満ちたポーランド人や黒人の労働者を説得しなければならない場合、ポーランド人が多いときは白人の、黒人が多いときは黒人の全米自動車労組（UAW）の幹部を連れてゆくのが、私のやり方であった。

こうした手立てを講じても、黒人労働者に囲まれて、情ないことに守衛の手を借りて工場を出なければならないこともあった。黒人たちは、ここにきた〝忌々しいジャップ〟はどいつもこいつもぶち殺してやると息まき、事態が好転するまで、私たち二人を人質として離さなかった。

日系人との触れ合い

日系人と初めて身近に接するようになって、私の心は躍った――二世の秘書の、柔らかな甘く囁くような声、発音しにくい名前、時にはなめらかで時には歯切れのよい言葉の流れ、まったく違った人間としての体験、異国風な名をもつ遠く離れた島々や村々の行ったことがあるのではないかと錯覚するほど強固な絆……。

しかし、いつでも日系人が好きだというわけにはいかなかった。私が経理の仕事を世話した人のなかには、度重なる苦労のあげくキャンプを必死に離れたがってはいたものの、工場などで肉体労働はやりたくないと言っている青年がいた。労働力不足のデトロイトでは、日本人はもともと工場や農場の働き手として歓迎されていた。だが、ホワイトカラーの仕事に就くのは、上品な中産階級の住宅地域に住むのと同じくらい難しかった。

そこで、青年の就職がうまくいったとき、デトロイトという町に日本人を受け入れてもらうには普通の肉体労働に就くよりも、このような仕事に就くことのほうがずっと意味があるし、これが成功の第一歩になる、と考えた。先ほどの青年が勤めはじめたのはごく小さな企業で、白人の経理係と同じ給料を支給され、社長がとても理解があったので、青年が住むところを見つけるまで自分の家にいてもよいと言ってくれた。仕事についてから約二週間後、青年は不機嫌な顔をして私の事務所に現われ、ほかの会社を、それも経理の仕事を見つけてくれと頼んだ。私は激怒した。こうした勤め口はめったになかったし、給料もよかった。実のところ、私は大きな突破口を開いたつもりでいた。「何が不満なのかね?」と私が尋ねたら、「あなたは、あの連中がユダヤ人だということを言ってくれなかったじゃないですか」と、彼は詰問するように言った。「私は薄汚いユダヤ人の下では働けない」というのである。

人種差別

このほかにも、繊細可憐でかわいらしい顔をした二世の少女がユダヤ人の家庭や商店のお手伝いさんの仕事をやめると言いだすようなことが、頻繁に起きた。たまりかねた私は、日本人クリスチャンの教会でマイノリティ・グループ同士の偏見の心理について説いたりすることまででした。ポーランド人が黒人を見下《みくだ》し、黒人が日本人を見下す、そして日本人はユダヤ人を見下す——こういう風潮に関連して、私はトム・レーラー（風刺的な歌で有名なシンガー・ソングライター）の風刺ソングの一つ、「民族兄弟週間」を思い出した。

ああ、プロテスタントはカトリックを憎み
カトリックはプロテスタントを憎む
ヒンズー教徒はイスラム教徒を憎み
そして、誰も彼もがユダヤ人を憎む
デトロイトは楽しい街ではなかった

しかしそれより、はっとさせられたのは、結局は私が予想していたような外部からの偏見ではなくて、日系人同士のあいだに偏見を見つけたことだった。カリフォルニア出身の知り合いの若者が、同郷の少女と恋仲になったが、少女が未解放部落の家の出だったため、若者の家は結婚を許そうとしなかった。だが結局、ハッピー・エンドで終わった。若者が脳腫瘍を病んで危篤になったとき、家族は態度を和らげ、結婚してもよいと許したからである。すると、たちまち若者は奇跡的に回復した。しかし、若者が死ぬか生きるかという事態が起きなければ両親の同意が得られなかったということは、日本について二つの重要なことを私に教えてくれた。それは、第一に、親の権威がおそるべきものであるということ、そして次に、日本にも被差別グループと偏見の問題が存在するということであった。

日本語への興味

人類学者だったために、私はいつの間にか日本語を学ぶ気になった。周りには日系人が多かったから、日本語を学ぶのはたやすいことだと誰しも思うことだろう。ところが、そうではなかった。二世の大部分は日本語をほとんど知らないか、まったくできないかのいずれかだった。たとえ日本語を話せる二世がいたとしても、知らないふりをしたほうが得策だった。

アメリカは、しばしば残忍なほどの同質化作用が働く国である。アメリカ社会においては、移民してきた年長者を次の世代の者が恥じることは、ごく当たり前のことである。アメリカ人になるために、第二世代は過去に背を向け、苦心惨憺して故国の訛《なまり》を払拭し、先祖代々の異国風の味覚を捨て、ありきたりのアメリカ風のハンバーグと牛乳で我慢しなければならないのである。

結局のところ、私が生まれたシカゴの町で知っていたポーランド人、ユダヤ人、イタリア人、スロヴァキア人と同じように、このことは日本人の第二世代についても当てはまった。しかし二世にとっては、強制移住の経験がこの傾向を強めた。つまり、伝統や故国に固執することは唾棄すべき過去の明確な刻印として自分を他の人びとから隔てることになるばかりでなく、日系人であること自体が（アメリカ社会に対する）背信行為であり、自分たちが打ちひしがれた集団ののけ者になってしまう原因だった。政府の法規によりこのことはさらにいっそうはっきりした。すなわち、信頼性の証《あかし》の基準の一つは、二世がどの程度「日本人」であるかということであった。「日本人らしさ」の指標とは、日本語学校通学の経験があること、日本語の読み書きの能力、伝統的な文化（生け花、柔道、武芸、邦楽、その他）への関心などであった。日本語を流暢に話す能力、そしてとりわけ日本語をすらすらと読む能力が、信頼できないことの、とりあえずの目安になった。私が担当していた気の毒な強制移住者たちは、政府の代表である私に日本語を教えることができるほど十分に知っていると思い込まれて自己の忠誠心について疑念を抱かせるようなことは、なかった。

ビル・マロイと日本語学校

ちょうどそのころ、デトロイトの下町を歩いていると、学生時代の仲間に出会った。ビル・マロイは現在では大学教授であり、特にトール・ヘイエルダールの探検に関する科学的な研究で世に知られているが、当時は考古学者として実績があった。彼は陸軍中尉だった。二人でポンシャルトレン・セラーというフランス料理店でビールを飲みながらくつろいでいるときにわかったのだが、ビルはミシガン大学の陸軍日本語学校の指揮官代行をしていた。

「じゃあ、日本語学校に志願したらどうだい?」とビルが勧めてくれた。私が日本語に興味があることを話題にしたのが、発端であった。そういった事情で、私は、アナーバーにある陸軍の日本語学校と、コロラド大学の海軍の日本語学校(ここにはエドワード・サイデンステッカー、ドナルド・キーンとその他大勢の著名な日本学者が入った)の両方に志願した。

陸・海軍の選択

私は両方の学校に合格したが、たちまち厄介なジレンマに直面した。個人的な利益という点だけに限れば、海軍のほうが明らかに都合がよかった。海軍日本語学校の教課が陸軍の教課に比べて学問的に優れていたかどうかはわからないが、陸軍日本語学校にひけをとるものでないことは確かだった。しかし、海軍の教課は一四カ月で終了し、一方陸軍のほうは、二カ月の軍事教練を入れないで一八カ月かかったのである。もっと重要なことは、海軍は日本語学校の研修生を「紳士」として扱ったことである。入学後三カ月たつと、海軍の研修生は少尉に任官した。これは、海軍日本語学校の研修生が、昔風に言えば、「士官ならびに紳士」としてその訓練期間の大半を過されたということである。

しかし陸軍のほうは、研修生は一八カ月の教課が終了した時点でやっと少尉に任官した。入学前にすでに軍隊のなんらかの位を取得していた者を除いて、すべての研修生が最初の一四カ月を上等兵として過ごし、軍事教練終了後にようやくT－5（伍長の位）に昇進させられた。海軍の課程が紳士にふさわしく快適なものであり、給与は陸軍よりもずっとよく、すべてにわたってより快適な環境で学習できるのである。陸軍語学生の月給は二一ドルだった。家族もちには手当が支給されたが、これは直接家族の手元に渡った。海軍少尉の給与と手当があれば、妻子とともに住み、かなりよい生活ができた。陸軍上等兵の給与と手当では、私は妻にも働いてもらわなければならなかった。

当時の海軍の待遇は、どこからみても陸軍に比べてずっと恵まれていた。しかし、私は戦時転住局の係官であり、日系人問題に深くかかわっていたから、海軍が日系人を採用しないという事実を骨身にしみて知っていた。人種に関する海軍の伝統的方針は、概して陸軍と比べてずっとひどいものだった。黒人は重労働や下働きにしか使われなかったし、東洋人は給仕や料理人などの仕事しか与えられなかった。

しかしながら、強制移住という当初のショックが徐々に薄れてゆくと、陸軍は日系人の待遇を改善するようになった。日系人の忠誠心についてはまだいささかの疑念をもっていたが、それでも日系人を受け入れたし、ごく少数の日系人は将校にさえなった。終戦前に最も出世した日系人はジョン・アイソ——MISLS（軍事情報言語学校）の最初の主任教官——で、中佐まで昇進した。陸軍の態度は、二つの日系人部隊の抜群の戦功によって、少しずつではあるが改善されていった。おそらくアメリカ陸軍のなかで最も多くの栄誉に輝いたこの二部隊は、いずれもハワイ出身の第四四二戦闘連隊と第一〇〇大隊で、両部隊ともイタリア戦線とそれに続くノルマンディの戦闘で名を上げた。そこで陸軍は、ますます日系人に機会を与えるようになった。そういうわけで、道徳的・政治的立場からは陸軍を好ましく思ったが、私自身の利益からすれば海軍に入りたかった。この道徳的なジレンマからくる私の悩みを知っている者は誰もいない。私はひとりで迷った。そして、あとあとのことを考えたうえで道徳のほうを選び、陸軍の入学許可に従ったとき、そのように気張ったのは徒労だということがわかった。「荒野を吹く風に花の色香は散った」（トマス・グレー『墓畔の哀歌』）という空しい気分になった。

デトロイトで世話をした日系人たちはもとより、友人や親類の者も、いち早く将校に昇進する機会を捨てた私をどうかしているとみなしただけで、このことを気に留める者など誰もいなかった。賽《さい》は投げられ、あと戻りはできなかった。しかしその後、ふところが淋しくなったときや、意地の悪い下士官や権威をひけらかす将校に自尊心を傷つけられたりしたとき、自分の選択が間違っていたとしみじみ思ったものである。

第2章　日本語を学ぶ

陸軍に入隊して最初の任務は、心楽しいものだった。それは一九四四年春のある素晴らしい天気の日で、着任地は軍の兵舎ではなく大学だった。陸軍集中訓練日本語学校（単に陸軍日本語学校とも呼ばれていた）のA中隊は、ミシガン大学のヒンズデール寮とタイラー寮を占領したのである。カーキ色の軍服を着てはいても、主目的は勉強で学業成績が重要であることは疑いもなかった。無知蒙昧なわめき声を聞かされてきたフォート・シェリダンの受け入れキャンプとは打って変わって、ここでは教養あるアクセントの穏やかで洗練された声を聞くことができた。

A中隊は、当時ミネソタ州キャンプ・サヴェッジに本部を置く軍事情報言語学校に所属していたが、私が陸軍に入隊して間もなく、情報言語学校本部は同じミネソタ州のフォート・スネリングへ移った。そこでは日系人が語学や戦闘中の諜報任務の訓練を受けていた。

終戦間近になって中国語と朝鮮語のクラスがいくつか設けられたが、情報言語学校の主眼は日本語を話せる人間の養成だった。私が所属した陸軍日本語学校の使命は、白人や日系以外のアメリカ市民（同じ中隊に中国系が一人、フィリピン系が一人いた）を訓練することだった。日系以外の場合は、集中訓練をしても二世の水準に到達するのに一年はかかると考えられており、ミネソタの上級訓練コースへはそこでの課程を終えたあとで送られることになっていた。

ミシガンのA中隊は、全員が非日系人であることと士官候補生学校であるところが、サヴェッジやスネリングの同種の部隊とは違っていた。A中隊で訓練を無事に完了した者は少尉に任官したが、二世は下級兵士のままだった。

陸軍日本語学校は、軍の機関であったにもかかわらずミシガン大学に委託されて民間人の手で管理運営されていたし、学校そのものもミシガン大学の構内に置かれていた。主任教授はミシガン大学日本語科主任のジョゼフ・ヤマギワ教授で、最盛期には教授の下に五〇人以上の日系人教師が教壇に立っていた。

戦時中の日本における英語

ここで、戦時中の日本における英語の運命と、アメリカでの日本語の扱い方を比較してみるのは意味のあることだと思う。日本では、英語は諸悪の根源として危険視され、英語を使用したり学習したりすることはよく思われなかった。しかしアメリカでは、戦争によって日本語学習は飛躍的な発展を遂げたのである。

英語廃止国語採用論

もちろん日本でも、軍事諜報や宣伝、外交などの分野では英語の重要性は認識されていたが、しかしこれはいやいやながら認識されていた程度で、特に国粋主義的な分子のあいだで英語排斥の傾向が強かった。「坊主憎けりゃ袈裟《けさ》まで憎い」という諺があるが、日本の政府や軍部の考え方はこの諺どおりだったのである。

一九四二年三月四日付けの『ジャパン・タイムズ・アンド・アドヴァタイザー』(現『ジャパン・タイムズ』)紙は、「英語は敵性語だという理由で不名誉なものとされるようになり、廃止論すら声を大にして語られるようになった」と書いている。因果は巡るとでもいおうか、一八八二年に森有礼が「国語廃止英語採用論」を唱えたが、わずか六〇年後に第二次世界大戦が始まると、国粋主義者たちが「英語廃止国語採用論」とでもいうべきものを提唱することになった。

戦争の初期に、すでに英語と退廃的な西洋文化に対する攻撃が活発化していた。だからといって、私の知るかぎりではそのための特別の法律や政令は何ひとつ出されたわけではないが、行政指導と相まって西欧に対する姿勢に変化が起こっており、それだけで十分な効果を上げたのである。情報を担当した参謀本部第八課は、新聞放送関係者を集めてしばしば説明会を開き、そのたびに国語浄化に対する陸軍の考えを押し付けた。

最も大きな打撃を受けたのは、一部の大衆文化だった。かつてのようにベースボールは「野球」になり、バスケットボールは「籠球」に、テニスは「庭球」になった。野球の専門用語も日本語を使わざるをえなくなり、ストライクは「よし一本」、ストライク・アウトは「三振」、ファウル・ボールは「だめ」という具合になった。一九四三年四月には、文部省はついに野球そのものを全面的に禁止してしまった。現在でも疑いもなく外国文化の砦となっている自動車文化にしても、いまとなっては理解に苦しむような苦し紛れの日本語に置き換えられた。

英語教育の実態

しかし、性急に駆逐しようにも、英語は日本の近代化のなかであまりにも深く根を張っていた。学校でも英語学習は排斥され、英語の時間を短縮するどころか、なかには完全に廃止してしまうところもあった。しかし、大学進学を目指す旧制中学や旧制高校の甲類では、英語は依然として必修課目だった。ただし、ドイツ語を主とする乙類は大幅に拡充された。英語は完全には根絶できなかったが、厳しい規制が課せられるようになった。

英語の教科書は改訂され、統一された。戦時色に彩られた日本流の考え方や内容が一斉に導入された。トムとメアリーは太郎と花子になり、日曜日に野球を観にゆくストーリーは工場や多忙な農家の手伝いにゆく話に置き換えられた。

当然のことながら、日本に住むアメリカ生まれの二世は、この問題については特に痛感していた。英語を知っているということが戦時活動に有用で、そのため有利な立場に立った者もあるが、反対に愛国心を疑われた者もあった。皮肉なことだが、もし彼らが開戦時にアメリカにいたら、私が担当していたデトロイトの二世と同じように、逆に日本語を知っているためにアメリカへの忠誠心を疑われたかもしれないのである。

現在は一流ジャーナリストとして知られるある二世が、私にこう言ったことがある。

「中学校（旧制）では、英語を知っていると絶対的に有利でした。英語の時間は週四時間あり、ずっとそのままだったからです。しかし学校から一歩外に出ると、話は違いました。もうそこでは、英語の単語は使ってはならないという大きな制約があったのです」

また別の二世の友人は、友達が『ニッポン・タイムズ』を読んでいたところ、東京駅のまん前で殴り倒されたという話をしていた。

帝国陸・海軍と英語

大川周明などの国粋主義イデオローグの影響を受けた陸軍では、英語を廃止するのは比較的容易だった。しかし、英語を使って伝統をはぐくんできた海軍では、ことはそう簡単にはいかなかった。

明治維新以来ずっと長州が陸軍を牛耳り、海軍は薩摩が牛耳ってきたことを思い出していただきたい。一八六三年の薩英戦争のおり、薩摩はイギリス軍艦の砲撃に敗れ、その経験からイギリス海軍を賛嘆の目で見るようになっていたのである。こうして海軍兵学校では、長年にわたって英語を外国語教育の中心に据え、一九三〇年代になって陸軍がドイツから多大な影響を受けた後も、海軍の目はずっとイギリスに向けられていた。

海軍における英語の浸透度はきわめて徹底したものがあり、それは専門用語ばかりでなく、仲間同士でしかわからない隠語にまで及んでいた。青木勉は『海軍の隠語』のなかで、戦時においても普通に使われていた和製英語の愉快な例をいくつか挙げている。たとえば「インチ」は、女友達あるいは親密な女を指す言葉で、英語の intimate に由来していた。艦長は「ケップ」といわれたが、英語の captain からキャップ、ケップとなった。娘（少女）のことは「コーペル」といったが、これは英語の copper からきたもので、daughter のドーに銅の字が当てられ、銅ならコッパーだからその古い日本式発音のコーペルとなったのである。

外来語が日本語のなかに浸透していた度合いはきわめて深いものがあり、野球の例にみるような厳しい措置をもってしても、完全に消し去ることはできなかった。当時著名なジャーナリストの話では、外来語追放という陸軍の方針を説明しに来た情報部の担当官が、「できるだけ英語ではなくて日本語を使ってほしい。けれども、英語を無理に避けようとすると、スポイルされるよ」などと、その説明のなかですら英語を使ったということである。

最も皮肉な例は、一九四三年十一月に東京で開かれた大東亜会議であった。これは日本が退廃した西欧帝国主義勢力をアジアから追い出そうとした運動を象徴する会議だったが、会議そのものが英語を用いて進めざるをえなかったのである。清沢洌はその『暗黒日記』に、「大東亜会議が敵国語によって運営されるとは奇妙だ。東条もこのことで困惑していると聞いた」と書いている。

戦前のアメリカにおける日本語

日本と正反対のアメリカ

一方、アメリカでは、事態はまったく逆の方向に動いていた。ただ、日本における英語学習の場合に比べて、アメリカにおける日本語学習の基盤は、はるかに幼稚なものであった。日本では中学においてさえ英語は重要課目であり、大学入試では事実上強制的に入試課目となっていたが、アメリカで日本語課程を設けている大学はほんの少数にすぎなかった。日系人を別にすれば、開戦時にある程度の日本語を操ることができたアメリカ人はほんのひと握り、おそらく一〇〇人にも満たない数だった。ドナルド・キーンは回想記のなかで、日本語を話せるのはわずか五〇人だと聞き、自分もそのなかに数えられるようになることが人生最大の目的になった、と書いている。

ではなぜ、日本は戦時中になって、英語を退廃的な影響を与えるものとして危険視したり学ばなくなったりしたのだろうか。同じ時期にアメリカはまったく逆の道をたどり、日本語という敵性語の学習に全力を挙げるようになったのである。

アメリカ側としては、いくつかの動機があった。第一は単に実際的な必要があったということである。当時アメリカでは、日本語を使える人間の数は、たとえ日系人を勘定に入れたとしても、戦争遂行には不十分だった。暗号や電信の解読をはじめとして、宣伝への対応、作戦分析、政治経済の動向の監視、そしてもしアメリカが確信をもっていたとおりに事が進むとすれば、最終的には捕虜を取りしきり、日本軍に降伏を呼びかけ、さらに各種の交渉事を処理しなければならないからである。

しかし、こうしたもっぱら実務上の必要だけがすべてではなかった。そこには、長年にわたって独り善がりの孤立のなかに閉じこもっていたため、そして世界の大きな動きに無関心であったため、世界の情勢がわからず敏速に適切な措置を講じることができなかったという思いもあった。それはまるで、国内問題ばかりにダイアルを合わせていたアメリカ国民の耳が、そのときから突然世界に向かって開かれたようなものだった。

こうして、アメリカ人のアンテナが外へ向けられると、新しい音、新しい考え方、新しい経験がもたらされるようになった。そしてこの新しいというそのことが、多くの人びとにとっては心ときめくものだったのである。

言語将校海外派遣制度

日本語を話せるアメリカ人が五〇人だったにせよ一〇〇人だったにせよ、とにかくほんのわずかな数だった。それは三つのグループに分かれていた。第一は、陸軍と海軍と国務省が養成した言語将校ないしは外交官であった。これは慎重に選抜された人たちで、当初は二年間、後になると三年間、日本に派遣されて語学の勉強をしてきていた。彼らは日本留学中、一年間は大都市以外の土地に住んで普通の日本人と接触を深め、日本人の生活全般に通暁するようにいわれていた。留学期間が過ぎると、大使館のアタシェに任命されるか、あるいは帰国して日本語を活用できる任務に就かせられるのが普通だった。

しかし、この語学訓練プログラムそのものは画一化されたものではなかった。だから、たとえばどういう方法でマスターするかはひとりひとりが独自に決めてよく、ただ三年の期間が終わったときに日本語を十分に話せるようになって戻ってきさえすればそれでよかった。言語将校として最も名をなしたエリス・ザカリアス提督は、こうしたいい加減なやり方こそ軍部が諜報の重要性を十分に認識していなかったことの証左であり、語学訓練や専門的な諜報活動が重視されなかったのもそのためだった、と述べている。

対日戦争の可能性が増大してくると、戦前に養成されたこれらの言語将校が音頭をとって戦時言語学校を設置した。そのなかに、一九三〇年代に東京で長沼直兄日本語学校を知り、そこで正規の研修を受けた者が何人かいた。そして、アメリカには体系的な日本語教材がなかったので、彼らが持ち帰っていた長沼の教科書を基にして戦時言語学校のカリキュラムを開発していった。

陸軍も海軍も、初級から上級まで主として長沼の教科書を用い、それに教師が臨機応変に手を加え、戦時中ずっと使ったのである。

戦前の言語将校あるいは語学研修外交官のなかからは、マクスウェル・テイラー大将、エリス・ザカリアス提督、元駐日公使のジョン・エマーソン、マーシャル・グリーンなど何人か優れた人物が出ているが、その数は微々たるものだった。太平洋戦争勃発の時点で、海軍では四二人の日本語言語将校（中国語は一六人）を養成し、陸軍もほぼ同数を養成していた。

戦時言語学校に入って下級兵士待遇の給与で苦労し、毎日、上官の侮辱に耐えなければならない（少なくとも陸軍では）われわれの生活からみると、戦前の言語将校の生活はさながら天国のように思われた。私たちが聞かされた往年の彼らの生活ぶりや好条件下での余裕たっぷりの勉強ぶりと、現実のわれわれの生活とは雲泥の差だった。特によだれが出るほどうらやましかったのは、決められた学習計画も義務もなしに、ただ日本に住んで日本語を覚えさえすればよい一年間の自由学習期間だった。一年間の地方暮らしののち姿を現わした当人に会ってみると、女言葉をしゃべっていたなどというのが、戦前の黄金時代の言語将校を語るとき忘れることのできないエピソードである。

女言葉を話したからといってホモだというわけではない。あらゆる階層の人たちに交じって暮らしてこいといわれたにもかかわらず、一年間ずっと一人の日本娘とばかり暮らしていたということにほかならない。われわれはそういう話し方を〝枕言葉〟と呼び、いつかは自分もそういう暮らしをするのが、最大の願望になっていた。

BIJ

日本語を話す第二のグループは、BIJ（日本生まれ、BORN-IN-JAPAN の略）だった。そのなかにはたまにビジネス関係者の子弟もいたが、概して宣教師の子弟が多かった。エドウィン・ライシャワー教授や同志社大学のオーチス・ケーリ教授は、このグループの代表的な存在である。ライシャワーは宣教師を父として日本で生まれ、日本で育った。教育こそ外国人学校で受けたが、幼少年期の経験から日本に対して深い親近感を抱くようになったのである。ケーリはアマースト大学や同志社大学に関係のある宣教師を父として京都で生まれ、何年か日本の学校に通学したのち、アメリカの大学で勉強した人である。そして、戦時中はコロラド州ボールダーの海軍日本語学校に入り、戦後再び日本に戻って定住するようになった。

第三のグループは、なんらかの偶然から相当の期間を日本で暮らしたことのあるビジネスマンや留学生であるが、そのほかアメリカの大学で日本語を学んだ学生も含まれる。現在、日本にいるアメリカ人弁護士の長老トーマス・ブレークモアもこのグループに入る。ブレークモアは戦前、いまは存在していないクレイン財団から奨学金を得て法律の勉強のために東京帝国大学に留学し、帰国したときには、当時としてはアメリカで唯一の日本法の権威になっていた。戦時中は海軍に入り、占領時にはGHQ（連合軍総司令部）法務局の一員として、日本の民法、刑法、商法の改革に重要な役割を果たした。

しかし、これらの人びとを全部合わせても、日系人以外で程度の高い日本語を使える者はまことに微々たるものだった。対日戦争が勃発するということになれば、日本語のわかる者がこれよりはるかに多数必要になることは明らかだった。

日系人以外でと言ったが、アメリカで日本語のわかる人といえば、彼らが最大のグループであることは間違いない。一九四二年当時には、ハワイと本土（主としてカリフォルニア州）で約二六万人の日系人がいた。これらの人びとがいるのになぜ十分でなかったのかといえば、理由は簡単である。陸軍日本語学校の創設者の一人ジョン・ウェッカーリング准将がずっと後になって述べたとおりなのである。――「不意討ち的な真珠湾攻撃は、当然のことながら、日系人に対する強い憎しみを引き起こし、その結果これまた当然のことながら、一般市民も軍も日系人全員の忠誠心を疑わしいものとみていた」。こういった感情があればこそ、開戦直後に、二世にはいっさい海外勤務をさせてはならないという命令が出されたのである。

ところが、規則が緩和されて日系アメリカ人も海外での戦闘のための訓練を陸軍で受けるようになったのは、戦争がもっと進んでからのことである。この場合でも、多くの二世は日系人だけを寄せ集めた特別編成の部隊に押し込まれた。しかし、隔離されたこの日系二世部隊の創設が、〝民主的〟方法によって日系人を軍隊組織に受け入れ、彼らをアメリカ社会に溶け込ませるようになったことを思うと、まさに運命とは皮肉なものである。

日系二世ばかりで編成された二部隊は、周到に太平洋戦線から遠ざけられた。忠誠心に対する葛藤が生じてはという配慮からである。ヨーロッパに配置されたこの二世部隊は、目覚ましい働きをみせた。どこから見ても日系というこの部隊の特殊な相貌ゆえに、この部隊のもたらした戦果や勇猛果敢さがいっそう目立った。一部には、ひょっとしてこうした結果を見通していた炯眼《けいがん》の将校がいたかもしれない。しかし、予想外の幸運な結果とみたほうが、自然といえるであろう。

緊迫化する日米関係のなかで

先に述べた日本における言語将校養成計画は、一九四〇年、高まる日米間の緊張のあおりを受け、すでに終止符を打たざるをえない状況に立ち至っていた。アメリカ国内では、依然としてほんのひと握りの大学が、これまたわずかな学生を対象に、のどかなペースで日本語教育を進めているだけだった。ハーヴァード大学のライシャワーやエリセーエフ、ミシガン大学のヤマギワ、コロンビア大学のツノダ、そのほかカリフォルニア大学バークレー校やワシントン大学、カリフォルニア大学ロサンゼルス校（ＵＣＬＡ）などを列挙すれば、それだけで日本語教育のすべてが語られるほどであった。唯一、相当規模の日本語教育プログラムを推進しているのはハワイ大学だったが、これもアメリカ人一般が関心をもっていたためというより、現地の日系二世が多数通っていたからにすぎなかった。

これではとても需要を満たすことはできなかったから、軍当局は大規模な緊急養成プログラムを発足させた。おもな組織は、海軍日本語学校、陸軍日本語学校、陸軍専門訓練隊（ＡＳＴＰ）の三つであった。海軍日本語学校は終戦までに一二五〇人の言語将校を養成し、陸軍日本語学校は日系二世約六〇〇〇人、白人そのほか非日系アメリカ人七八〇人、合計七〇〇〇人近くの受講者に日本語を教えた。ＡＳＴＰが担当したのは一万五〇〇〇人に上る下級兵士で、一〇カ所の学校で初級日本語を教えた。以上のほかにも、民政部、軍政部、通信部隊などで一〇〇〇人から二〇〇〇人が日本語の訓練を受けた。

戦時中の日本語教育

陸・海軍の日本語訓練

一九四〇年に言語将校海外派遣制度を廃止した軍当局は、翌四一年、新たに言語訓練計画を発足させた。この年の六月、海軍はカリフォルニア大学（バークレー校）で日本語訓練プログラムを始め、ハーヴァード大学にもライシャワーを中心とする別の訓練プログラムを設置した。ハーヴァードのほうは一九四二年に廃止されたが、バークレーのほうは終戦時まで存続した。しかしこれは、一九四二年にコロラド州ボールダーのコロラド大学にその拠点を移している。この移転は、当時の時代状況を如実に反映したものであった。海軍のほうは、研修生として日系人は受け入れようとしなかったものの、講師には是非とも日系人を必要とした。ところがこの日系人が、戦時法規により西海岸から内陸部へ転住しなければならなくなった。海軍の日本語学校もまた、彼らを追ってコロラドへ移動せざるをえなくなったというわけである。大戦が大詰めを迎えたころ、このボールダーの施設もまったく手狭となり、オクラホマ州スティルウォーターのオクラホマ農工大学に分校が設置された。

陸軍の日本語訓練プログラムは、海軍よりやや遅く、一九四一年十一月に開始された。しかし海軍とは異なり、陸軍当局者はカイ・ラスムッセン（後に大佐となり、陸軍日本語学校の指揮官となった）やウェッカーリング准将そのほかの言語将校の進言と説得を受け入れ、日系二世を言語訓練関係の軍務に服させることに同意した。しかしながら、日系人に対する根深い猜疑心は拭いがたく、彼らは厳しい監視と管理の下に置かれることになった。実際の任に当たったのは白人だったが、この任務を遂行するために、白人（そしてそのほかの非日系アメリカ人）にも日本語の修得が是非とも必要になったのである。

結局、一〇人の日系兵士を一人の白人将校が監督する形式となったが、キャンプ・サヴェッジにおける第一期日本語研修クラスに編入された白人の一人は、日本語を学ぶ目的を次のように語っている。

われわれの主要任務は日本語の修得だったが、その目的とするところは、日系二世が行なった翻訳、尋問、報告が妥当かどうかを確認することだった。つまり、情報の歪曲や虚偽によってわが情報担当者が欺瞞されることのないよう、警戒することである。そのために、日本語の修得が必要だった……。

海軍の言語将校も、太平洋戦線においてはやはり日系人で編成された言語チームと共同作業をすべく下命された。

陸軍の最初の日本語研修コースは、一九四一年十一月、二世五八人、日本語の素養のある白人二人、講師五人という編成で、サンフランシスコの駐屯地《プレシディオ》クリッセー・フィールドで格納庫を改造した建物を校舎として開始された。

日本語研修を推進する側としては、当初の見込みとして、日系二世は日本語の基礎がそなわっているから、二、三週間の集中講義で磨きをかけて特殊な軍事用語（兵語）を修得させれば、戦闘情報員としての恰好がつくだろうという雰囲気であった。しかしやがてこのような期待はまったくの計算違いであることがわかった。二世の圧倒的多数は、想像以上に日本語から遠ざかっていたのである。駐屯地《プレシディオ》で日本語学校を開設するにあたり、カイ・ラスムッセンは長沼の日本語教科書をテスト教材として兵籍にある日系人三七〇〇人の能力をテストしたが、完全な日本語修得者と認められたのはわずか三パーセント、まず満足という段階の者が四パーセント、相当期間の訓練により実効が期待される者が三パーセントという結果が出た。

強制移住とキャンプ・サヴェッジ

学校が始まって一カ月後、真珠湾攻撃があり、西海岸諸州の日系人の強制移住措置が開始された。陸軍の日本語学校も海軍の場合と同様、日系人教師を確保するためにカリフォルニアの地をあとにしなければならなくなった。

一九四二年五月、学校はミネソタ州のキャンプ・サヴェッジに新天地を求めた。サヴェッジに白羽の矢を立てたのは、ここが将来施設拡充の必要が生じたときにもスペースの余裕があったばかりでなく、ミネソタ州はスカンジナヴィア系アメリカ人が多いので他の州の住民よりは日本人に対して寛大な目を向けるのではないかという、自分もデンマークの血を引くラスムッセン大佐（当時すでにこの部隊の指揮官となっていた）の判断があったからである。この予測は正しかった。広大なキャンプ・サヴェッジの施設は二年間で受け入れの限界に達し、一九四四年八月、大佐とその一行はさらに余裕のあるフォート・スネリングの一画へと移動した。

キャンプ・サヴェッジの最初の二、三のクラスでは、白人と日系人が肩を並べて日本語を勉強した。もっとも、卒業とともに、白人が将校に任官したのに対して、日系人は依然として兵士のままであった。これは一例だが、キャンプ・サヴェッジの当初のクラス編成は、二世一四五人、白人三〇人という割合だった。この三〇人のなかに、フォービオン・バワーズがいた。後にマッカーサー元帥の言語補佐官となった人物である。彼は占領期には、日本の映画・演劇を検閲する民間検閲部（CCD）にも籍を置いた。このバワーズこそ、栄華を極めた一代の幸運児として、華やかな昇進とは無縁であったわれわれ言語将校の前途に光明をともしてくれた。その後この栄達の士は、インド人の女流作家サンサ・ラマ・ラウ（彼女は駐日インド大使であった父親ベネガル・ラウ卿に随行してしばらく日本に滞在したことがある）と結婚し、文化や芸術に関する著書を出版するなど多彩な活躍ぶりをみせた。

しかし、日系人と白人混合のクラスは、やがて分離されることになる。日本語の基礎において劣る白人は別に養成し、日系人に追い付かせる学習法のほうがより効果的と判断されたのである。その結果、白人（非日系アメリカ人も含まれる）のみを対象とする別クラスがアナーバーのミシガン大学でスタートすることになった。アナーバーは、デトロイトの中心からわずか五五キロのところにあり、フォード自動車が世界中の前線に何万機という爆撃機を送り出していた軍需ブームの町ウイロー・ランにはもっと近かったが、戦時の緊迫した空気とは隔絶した街路樹の多い優雅な静けさをたたえた大学町であった。

陸軍日本語学校入隊

当時のミシガン州アナーバーは、表面的には戦時色の薄い、典型的な中西部の学園町であった。町には立派な芝生を植えた庭園付きの重厚な木造りの家屋が点在する一方、大学のキャンパスに近づくにつれ、当然のことながらあまり品がよいとはいえない下宿屋がここかしこに建て込んでくる。フィレンツェ風があるかと思うとノルマンまがいがあり、南北戦争当時の南部様式、学生クラブの宿泊施設を焼き直した赤煉瓦造りが周囲を威圧していた。キャンパス内の庭や芝生も、全体の統一はなく、アメリカの大学の各時代の建築様式の変化を如実に示していた。しかし、一九四四年四月末当時のキャンパスやそこを行き交う学生を観察するなら、女子学生の姿が目立つ反面、男子学生がいたって少ないという異常さに目を奪われたはずである。教職員も、義務兵役制の気まぐれにかき回されていた。誰が召集され誰が免除されるのか、誰が有資格者であり誰がそうでないのか、誰が〝消耗品〟で誰が温存されるのか、かいもく見当がつかなかった。

ミシガン大学も、当時のアメリカの他の大学のように、その施設や能力の相当部分を軍あるいは政府に委託させられ、戦争遂行に協力した。当時ミシガン大学でいかなる軍事訓練が行なわれ、また研究活動が進められていたか、そのすべてを思い出すことはできない。しかし、日本語教育に関しては、私のA中隊のほかに、陸軍専門訓練隊の研修も進んでいた。このプログラムでは、ヤマギワ教授を中心とするスタッフが、兵士を対象に一年の期限で会話を中心に教えていた。漢字は教えなかった。将校に対しては、民政訓練計画があり、約半年で即席の日本語を教授するほか、陸軍法務部は大学の法律学校で法律の知識を授けた。

その後何年もたってから、私は、ニューヨークでお世話になっているかかりつけの医師がやはり当時ミシガン大学で訓練を受けていたことを知った。この人は、コーネル大学の教授で心臓外科の世界的権威であるが、私がミシガン大学にいたころ、やはり兵士としてミシガン大学で医学訓練を受けていたということである。ミシガン大学でそのような訓練計画が実施されていることを当時の私は想像もしなかったが、ひょっとするとほかにもあったかもしれない。

私のクラスは、ミシガン大学の陸軍日本語学校の第四期であった。そしてこの中隊は、一六五人ほどの兵士と一三人の将校で構成されていた。一九四四年五月、われわれがアナーバーに到着したとき、だいたい同じ規模の先輩の中隊がまだ訓練を続けていた。半年前にすでに日本語学習に入ったもので、その年いっぱいそこで軍事教練を受けたのち、フォート・スネリングに移ってさらに半年間訓練を積むことになっていた。われわれの次のクラスは、一九四五年一月にやってきた。

A中隊は、大学の二棟の学生寮、ヒンズデール寮とタイラー寮を充てられた。原則としてすべての兵士が寮住まいを強いられたのに対し、将校クラスは希望すればキャンパスの外に住むことも許された。

私のような既婚の研修生は、一定水準の成績を維持している者にかぎり、夕方には監督官付きの勉学室を離れて近くに呼び寄せた妻子のもとで学習することを許され、週末や祝日は、兵舎でなく自分の家で泊ってもよかった。このほかにも、特別許可がおりた場合か栄誉ある行為に対する褒賞として、時に家族と水入らずの夜を過ごすことが許された。

アナーバー到着のあわただしさが一段落し、妻と息子がやってくると同時に、私は家族の住まいを探しはじめた。しかし一等兵の給料では、近くに家を見つけることはきわめて困難であった。事実、特別の収入源を確保しているか、両親や富裕な親類縁者の援助を受けられる者以外は、みな共働きを望んだ。

心理学者だった妻は、アナーバーの教育関係の仕事に、自分を生かした職を見つけた。二人の給料を合わせても家賃の負担が大きかったので、同じ境遇にあってやはり家を求めている数組の夫婦と相談し、共同で一軒の家を借りることにした。このように、数世帯がいっしょに住めば家賃負担が軽くなるという利点があるだけでなく、共同で子供の面倒をみたり、家事で協力し合ったりという、心楽しい効用もあった。

クラスメート

このようにして、陸軍日本語学校には常時三〇〇人以上の兵士と二五人ほどの学生将校がいた。われわれのクラスは、ミシガン大学で一年間、次いでアラバマ州フォート・マクレランドで二カ月間、軍事教練を受け、それからフォート・スネリングに移って六カ月間、二世に混じってさらに程度の高い日本語を学ぶ予定になっていた。このコースを無事修了した兵士は、言語将校としての辞令を受け、しかるべき部隊へと配属されてゆくのである。

われわれが入学したころには、すでに数クラスが所定のカリキュラムを修了しており、ギルバートやガダルカナル、ニューギニアそのほかの地域に勤務した先輩諸氏から種々の情報や体験談が寄せられていた。なかにはオーストラリアや、ホノルル司令部の太平洋地域統合情報センターに配属された者もいて、その豪気な生活がわれわれをうらやましがらせもした。一九四四年の夏の終わりには、ミシガンの第一期生はすでに前線にあって、その多くは、結局沖縄にまで転戦していった。

ＩＱ一三〇以上

言語研修生の水準の高さは、すでにその選抜方式をもって予測されていた。日本語学校入学にあたって、陸軍標準テスト（ＡＧＳＴ）を受けさせられ、知能の優秀さを証明しなければならなかった。入学の条件としてＩＱ一三〇以上が要求されたという噂が流れたが、果たして実際にこのＩＱ一三〇が当落の分岐点であったかどうかは私にもわからない。

しかし、研修生がこの噂に気をよくし、張り切らないわけがなかった。たとえこの噂が真実と言い切れないにしても、少なくとも自分がＩＱ一三〇以上の集団に属していると信じるのは、心地よいことであった。第二の入学条件は、私をも含めたひと握りの例外を除き、なんらかの形で日本語の素養を有する者、日本語使用の経験者ということであった。このなかには、日本生まれで相当期間日本に居住した者、大学で日本語を学んだ者、一年間の陸軍専門訓練隊修了者で成績が上位一〇パーセント以内の者などが含まれていた。この厳しい選考条件を満たして入学した研修生は、当然のことながら高い知的水準を保持していた。

私のルームメートはまだニューヨーク市立大学の学生だったが、隣の部屋の住人は、一人はハワイ大学の演劇専攻の教授であり、もう一人は元領事で横浜のアメリカ領事館に駐在した経験をもっていた。彼は開戦時最後のグリップスホルム号で横浜から引き揚げてきて、自分の日本語能力を高めるべく陸軍に入ったということであった。

私たちと共同で大きな女子学生寮を借りた二組の家族のうち、一方の主人は宣教師の息子で日本生まれの日本育ち、大学教育を受けるために帰国し、結婚後は日本との縁は切れてケース・ワーカーとして働いていた。その後ミネアポリスの社会福祉局長にまで出世した。もう一人は西海岸出身の法律専攻の学生だった。ソリス・ホーウィッツというこの人物は、戦後、東京裁判の検事を務めたが、当時は弁護士兼ピッツバーグ大学法学部助教授だった。そのほかに、銀行家もいれば、ラジオ・アナウンサー、歌手、ニュース・レポーター、地方自治体の企画専門家がいた。有名な作家や指揮者の息子もいれば、私と同じ人類学を専攻していたジョージ・デヴォス、ウィリアム・マロイのような大学院の学生も数多くいた。

BIJの悩み

BIJすなわち〝日本生まれ〟の顔ぶれは、多彩であった。宣教師の子弟のほか、ビジネスマン、ジャーナリスト、教育者などの息子たちである。彼らの何人かはかなり上手な日本語を身に付けていた。なかには、日本の学校に通えるほど日本語に精通している者さえいた。しかし、学校でも英語、家庭でも英語という生活のなかで、わずかに女中や近所の子供を通じて覚えた日本語を操る、怪しい知識の者も散見された。

「盲目の国においては、隻眼の者こそ王である」という俚言がある。当初、ＢＩＪは〝隻眼の王〟としてわれわれの上に君臨した。彼らが話す滑らかな日本語に、ショックに近い感銘を覚え、羨望と賛嘆の声を上げた。しかし、最初の一年が終わらないうちに、先を行っていたＢＩＪがこの研修ではかならずしも有利でないことがわかってきた。それぞれ〝実力〟に見合う位置へと転落していった。われわれは成績別に二十数クラスに縦割りされていたが、二番目のクラスに数人が頑張っていたものの、トップのクラスにはＢＩＪの顔は一人も見えなかった。

ＢＩＪの大部分はジレンマに陥っていた。自分が育った日本に理屈ぬきで親愛の情を感じる一方で、現実の日本は厳然とした敵国であった。ある若者が、苦しい胸の内を次のように打ち明けてくれた。

「僕は日本で生まれ、日本で育った。日本人の友達と遊び回った思い出もある。気持ちも多分に日本人と同じになっていたので、アメリカに帰ってハイスクールに入ったときは、まるで外国にいるみたいな気がした。僕の唯一の願いは日本に戻ることだったが、そこへ、今度の戦争が始まってしまった。日本人の残虐行為が耳に入ってくるけれど、本当に彼らは僕といっしょに育った人たちなんだろうか？　日本の友達の何人かは、きっと軍隊に入っているだろうが、戦場のどこかでその一人に出会ったら……いったい僕はどうすればいいんだろう？……」

他のBIJと同じように、彼もまた深く悩みながら日本の歴史や文学、文化を極めたいと希望していた。

BIJ以外の日本体験者

BIJのほかにも、日本で生活した経験をもつグループがいた。日本で生まれたのではないが、なんらかの理由でしばらく日本の水に慣れ親しんでいた人びとである。その一人に、われわれ兵士のなかで最年長の男がいた。たしか当時四十二歳だったが、長年東京でビジネスマンとして働いていた。しかし彼の日本語は、お世辞にも上品とはいえなかった。商売をやってゆくうえでは、それほど差し障りがなかったのだろう。彼もそれを自覚しており、教養ある人たちが話すような日本語に矯正したいと願っていた。そのころ、戦争は激化の度を加え、日本に対する険悪な感情もかなり高まっていた。そういうおりに、彼はこう言ったのである。

「日本に行ったら、もちろんいつか行けたらの話だが、そんなことはありえないと考えているかもしれないが、君も絶対に恋をするよ。相手はバーのママさんかもしれないし、女給かもしれない。あるいは芸者かもしれないし、普通の家庭の娘かもしれない。だが、恋の稲妻に打たれることだけは確かだ。そいつだけは、神さまに誓ってもいい」

戦争のさなかにありながら、彼の日本人に対する愛情は変わらなかった。

このグループの多くの者は、同じような愛情もしくは思慕の情を日本に寄せていた。開戦の直前に外交官としての道を歩みはじめながら、グリップスホルム号の最終航海で帰国しなければならなかったある青年は、日本のことを語るときは熱情に満ち満ちていた。

彼は、最後の帰国便を待ちながら開戦後も東京にいたが、日本の友人たちとの交際は依然として続いていたという。憲兵隊の目に留まらないよう注意するだけで、ほかにはなんの問題もなかった。この時期における日々こそ、まったくの牧歌的生活であったとすら述べた。もはや型どおりの仕事に縛られることはなかったから、やはり外交官の職に就いていた友人とあちこち興味のあるところを訪ねたり、芝居を観たり、日本の友人と語り合ったり、日本語を勉強したり、とにかくそれまでつねづね希望しながらも忙しさに紛れてあきらめざるをえなかった多くのことを実行したという。彼は、戦争が終わったらもう一度日本へ行き、そこで生活をするのだと意気込んでいたが、見事にその望みを果たした。

大学で日本語を学んだ経歴をもつ者は、いろいろとバラエティに富んでいた。日本という遠い国、なじみも何もない国の言葉を、なぜ学ぼうなどと思ったりするのかと疑問をもつ者もいるかもしれない。ラフカディオ・ハーンにでも刺激されるところがあったのだろうか。あるいは、古代ギリシアに対する憧憬の念が日本に結び付いたロマンチシズムの所産なのであろうか。

私が知るかぎり、そのようなケースはなかった。ミシガン大学で組織された最初のA中隊クラスのなかに、リチャード・スナイダーという男がいた。彼は東京のアメリカ大使館で公使を務め、その後韓国大使として外交官生活を全うした人だが、彼が日本語の勉強を始めたのは、ブラウン大学で国際関係論を専攻しているときであった。

「一九四二年当時、国際関係論を専攻していたが、その関係から何か特別な外国語を履修する必要に迫られた。たまたまそのとき、大学に初級日本語講座が置かれることになった。こいつは都合がいいというので、それに乗ったんだ」

スナイダーはその後、陸軍日本語学校でも日本語を学び、以後ひたすら日本に関連する道を歩みつづけた。

二つのグループ

陸軍専門訓練隊の連中がちょっとしたグループを構成していたのも、あながち偶然とは言い切れない。すでにそれ以前、全員が一年近くも日本語の訓練を受けており、こういう場所に慣れていた。彼らは主として四つの大学から来ていた。エール大学、ミシガン大学、シカゴ大学、それにミネソタ大学である。ミシガン大学の連中が気楽に振る舞うのは至極当然のことであった。すでに勝手知った土地であり、ガール・フレンドもいれば、バーや穴場も知っていた。だからこそ、この一団は活気にあふれ、水を得た魚のようであった。彼らは教師とも親しくなっており、有利な立場にあった。中隊は訓練隊グループとそうでないものに二分され、さまざまな軋轢（あつれき）から、われわれのほうもグループ化し、結束を計らざるをえなくなった。

ごく一部であったが、例外的な連中がいた。それは太平洋戦線の退役軍人と、通常のコースを通ってこないまったく別個の特別学生であった。退役軍人は、恩賞として大学で学ぶ特別許可を与えられていた。このグループは〝色彩〟に富み、プロのロシア語翻訳者からカリフォルニアの高校を出たての坊やまでが含まれていた。翻訳者はうんうん言いながら漢字を五〇〇〇字も覚え込ませられていたが、それでいて日本語の作文はもとより、聴き取れるような発音すらほとんどできなかった。坊やのほうは、尊敬する先生に勧められて日本語を始めたところ、結局この言葉に取りつかれてしまった、と語っていた。

教師

研修現場では、よくいざこざが起こったが、時に教師を相手にすることもあった。教師には、原則として「標準語」を話す者が採用されていた。しかし、この条件は建て前だけのことであって、取り繕った標準語の下に自分か両親の出身地の訛りの染み込んでいる者が多かった。ちょっと聞いただけで、それがわかった。広島や熊本の出身者がいちばん多かったが、他の地方の訛りもたまには耳にすることがあった。

標準語か方言か

しかし、逆にこのことはわれわれにとって幸いであった。任地において遭遇する日本語がかならずしも標準語であるとはかぎらないからであり、おかげで多くの学生がさまざまな方言に出くわしても面食らわずにすんだ。太平洋地域で戦闘情報員を務め、多数の日本人捕虜と相対することになった先輩たちは、特に地方出身の教師に感謝していた。たっぷりと方言を聞いて、標準語とは異なった日本語に耳を慣らしていたからである。

われわれの代には、残念ながら沖縄の方言を話せる教師がおらず、後に沖縄に赴任した同期生は、わずかな数の沖縄出身の二世に頼らなければならなかったという。

私が日本語学校にいたころは、五〇名そこその教師はすべて日系人であった。ほかの軍日本語学校には、日本生まれのアメリカ人を中心にわずかな数の非日系人がいて教壇に立っていたが、私が学んだときにはそういう顔ぶれは見られなかった。

日系の教師の大部分はカレッジ出身者で、アメリカのカレッジ出身者が二五人、日本の専門学校もしくは大学出身者が一五人であった。四年制大学修了者はわずか二〇人で、そのうち修士二人、博士一人ということであった。その一部は転住キャンプから来ていたが、私たちが入学したころには、すでに非日系人の学生たちに歓迎されるだろうかと臆病に周囲を見回す時期を過ぎ、アナーバーのような学園町にいるかぎり、〝ジャップ!〟と蔑視されることもなければ、〝愛国〟を旗印に粋がって腕力を振り回すチンピラの餌食《えじき》にされることもないという当然の確信を得て、落ち着いた態度をみせていた。

しかし、心の奥底では、いやされない傷がうずき、疎外されているのではないかという疑念が付きまとっていた。侮蔑や拒否、中傷的態度に対して怒りを走らせることもあった。もちろん、彼らの採用にあたっては徹底した事前調査が行なわれており、その潔白さは雪と見まごうほどで、その忠誠心は「メイフラワー」の子孫にも劣らないはずだった。それでもなお、一部のアメリカ人には十分ではなかったのである。ここに、陸軍のお役所臭ふんぷんたる一文を紹介しよう。

言語学校に派遣された将校および兵士は、いずれもアメリカ国家への忠誠を確認するための調査を受けた。多くの兵隊ならびに一部の将校が、調査官の単なる人種的偏見ゆえに、あるいは日本に旅行したことがある、日系人のスポーツ・クラブに所属したことがあるという経歴だけで、採用拒否に付された。しかし、開戦当初信頼性を欠くと認定された多くの兵隊ならびに将校が、後に模範兵士であることを自ら証明し、あるいはその武勲に対し勲功章を授与されており、かつての判断が不当であったことは既定の事実である……。

職業軍人のなかには、日系アメリカ人に対して疑惑の念を執拗《しつよう》にもちつづけ、さらにこれをかき立てようと試みる者もいたが、研修生のほうは一般にわだかまりをもたなかった。とはいえ、一部の研修生、特に南部出身の研修生は、人種的偏見を捨て切れずにいた。

ある南部出身者は、私が転住キャンプで日系人の世話をしていたという話を聞き込み、〝解説〟を施してくれた。――「うわべはおとなしそうな様子をみせているがね、絶対信用できんな。連中が腹ン中では何を考えてるか、まったくわかったもんじゃない」

しかし、死ぬか生きるかの実戦に参加しただけに、日本人に対してとりわけ険しい感情を抱いて当然のはずの太平洋戦争生き残りの者すら（そのうちの一人は、身体に深い傷を受けていた）、憎しみや怒りの素振りはみせなかった。みな学生と教師という通常の関係を素直に受け入れ、教師はアメリカに忠誠だという公式見解に納得しているようであった。

教師との交友

私は、日系の教師と親しく交わることを望んでいた。彼らは私の師であり、同じ時期に転住キャンプで仕事をしていたということで、目をかけてくれたからでもある。私は教師たちを気の毒に思い、彼らの悩みや心配事を心底理解していたかどうかはともかく、その立場を気遣っていた。しかし、教師と学生の関係はいずこでもはなはだ微妙なものがあり、親しくしすぎたり近寄りすぎては、見返りを求めてゴマをすっているのではないかと受け取られかねない。あるとき、ついうっかり学校という枠を逸脱した交際に踏み込みかけている自分に気づき、私はあわてて事態の収拾を計った。それ以来、同じ間違いを再び犯すことはなかったが……。

その後占領時代になってから、ある教師とごく当たり前の親交を結ぶことになった。その先生は私よりも年下なのがいささか変わった点で、お互いの関係はほどほどにうまくっていたとはいえ、私が彼の上に立つこととなった。しかし、この上下の逆転も実は確固としたものではなく、これを再度ひっくり返す武器を、彼はもっていた。日本人の習慣や発想に関する有形無形の知識である。彼は未知なるものをいろいろと教え、諭してくれた。それは、その水に慣れた者の導きなくしてはとうてい知りえない事柄、少なくとも長期間にわたって不案内を余儀なくされる類の知識であった。彼は再び私の師となっていた。初めて日本の陶器や陶工に接したのも、京都の伝統的な機織りや染色に目を奪われたり、熱海の遊びに感嘆したのも、彼の手引きあってこそのことであった。彼は陶工と親しく、よく熱心に話し込んだものである。二人で日本各地を訪ねたが、その計画を考えるうえでしばしば優先させたのは、有名な窯場であり、有名な陶工のいる陶器生産地であった。彼がある芸者と恋愛関係に陥った時期があり、当時の私は妖《あや》しい感銘を覚えたが、その美女を通じて、話のうえだけながら、〝ウグイスの谷渡り〟など不可思議な日本のこころを教えられた。

しかし、こうしたことはすべて日本語学校を卒業してからのことであり、在学中はそのようなことは夢にも考えられなかった。多分に私の誤解であったとも思うのだが、当時は、日系人のほうで私を遠ざけているように感じられることがよくあった。日本と戦争が始まりキャンプ生活を強制された初めの一、二年は、アメリカにおける彼らの使命は何よりもまず、猜疑の目を向けるアメリカ人にアメリカに対する自分たちの忠誠を得心させること、敵国人種ではあっても決してその手先や危険分子ではないことを認めさせることであった。私のわだかまりのなさや転住キャンプで心ばかりの尽力をしたことを知っている彼らは、私に対して特別の親しさを示してくれるであろうといくらかの期待をもっていたのであるが、その期待は瞬時のうちにうたかたの如く消え去った。日系人の態度は、私が自分たちの側にいることを知ったからには、もう親しくすることも機嫌を取り結ぶこともないといっているかのようであった。私の行為を当然と受け取り、ゆえにとりたてて親しさを示す必要はないとも受け取れた。

彼らが冷たいとか、よそよそしいとかいうことでは断じてなかったが、彼我の関係と私の転住キャンプでの仕事はまるで無関係だといわんばかりであった。師弟関係という大枠がガッチリはめられ、たまたま日系人の西海岸からの転住のことに触れても、教師たちは怪訝《けげん》そうな顔をするか、あるいは一瞬苦痛の表情をよぎらせるだけだった。私のルール違反をとがめているようでもあり、彼らのことを知りすぎているがゆえに気を許せないと訴えているようでもあった。

暗黙のルール

いささか釈然としないところを残しながらも、やがて私は暗黙のルールを尊重して行動するようになった。一定の距離以上に近づこうとする努力を完全に放棄したのである。学生の分をわきまえつつ、教師に接した。あとになって授業の面で彼らのメガネにかなう成績を収めるようになったとき、それが私の過去の好意に対する返礼ではなく、文字どおりの実力であることを強く意識した。

私はまた、人が利益や尽力を施されると常に感じ入り、これを多とするとはかぎらないということも学んだ。事実、日系人は時に手厚い支援の手を迷惑がり、怒りさえした。返礼のことを考えると重荷に過ぎたのかもしれないし、無力な自分をみる援助者に対して許せない気持ちを抱いたのかもしれない。

教師と学生のあいだには、いかんともしがたい敵対関係が根を下ろしているものである。両者のあいだに共通の目標（学生にとっては学ぶということであるが）があるにしても、上下の階層的落差が埋まるものでは決してない。教師は、学生にはない、また学生が求める知識という資産をもち、これを自由に操る力をもっている。教師の評価は、学生の自己判断に大きな影響を及ぼすし、将来のあり方をも左右する。われわれの例でいえば、成績の悪い者は日本語学校を去らなければならない。それは、恵まれた環境から誰もがいとう世界へ転落することを意味した。

それほど由々しい罰を与えずとも、教師は十分にわれわれを支配することができた。たとえば、週日の日課として研修生は夕食後必ず二時間の学習をするよう決められていた。しかし、すでに述べたように、前の週に良好な成績を収めた者は、学舎での強制的な予習復習を免除され、好きなところで勉強する自由を与えられた。軍隊組織にあっては、自らの行動を自らの手で処しうるということは、なんとも手ごたえのある喜びなのである。解放された一部の学生は、勉強そっちのけで映画に行ったり、ガール・フレンドを訪ねたりしていた。いまでは国際的な製薬会社の重役として活躍しているある同期生も、映画館の上得意となっていた。館内の照明が明るくなっても発見されないよう、いつも座席に身を沈めるようにして画面の流れを楽しんでいたが、ある夜ついつい警戒を怠り、背もたれに隠れる余裕もないまま照明が点灯されてしまった。しかし、館内に見る顔はどれもこれもA中隊のものであったという。

家族をアナーバーに呼び寄せている妻帯者にとって、こうした夕べの自由はきわめて貴重であった。監督官の下で行なう缶詰め勉強は、自尊心を傷つけられて精神衛生上よろしくないだけでなく、その週の妻子との面会は週末だけという結果になる。当然、良い成績を取るということは重要な意味を持つことになり、これが教師に多大な支配力をもたせることにもなったのである。

教師が日系人であったから、この構図はさらに複雑になる。日系人は、一般社会においては常に一段低くみられていたため、自らの能力を具体的に上の者に示す必要に迫られていた。しかし陸軍日本語学校では、日系人はわれわれの上に立っていた。能力を示さなければならないのはわれわれであり、好意を勝ち取らなければならないのもわれわれであった。彼らにも、軍隊という雇い主があり、軍属という上司がおり、従属者の窮屈を感じてはいたであろうが、たとえそこに思いをはせたとしても、われわれが最下層にいるという現実が消えるわけではなかった。またこのように考えれば、気分を滅入らせるばかりであっただろう。

戦闘の経験者や、高等教育を受けながらなお時には無意識のうちに人種差別の言動を示さずにいられない南部出身者を含めて、幸いなことに、いま述べたような発想を前面に押し立てる者はいなかった。A中隊の面々は、概して日系人に同情的であり、その果てしなく重い悩みを気の毒に思いながら眺めていた。

連帯意識

研修生と教師のあいだには、抜き差しならぬ対立が控えている一方で、共通の課題に取り組んでいる者同士が感じる連帯意識も流れていた。両者は共通の目標を成就するため、肩を組んで進んでいた。学ぶということの不可思議さが、そこにはあった。教師は、一段上の階層にいながら、依然としてわれわれの味方であった。

しかし、軍隊と、われわれの指導・監督に当たる幹部軍属は、向こう側にいる明白な敵であった。A中隊は、通常の中隊組織ではなかった。正確な数値がどの辺にあるかは別として、IQ値のきわめて高い者の集まりであった。軍隊内でこのような集団が稀有《けう》であるのは、論を待たなかった。われわれは知的水準の高い頭脳集団、すなわち〝インテリ〟であった。これは幹部軍属にとっては脅威であった。彼らも大きい目でみれば日本語学校の当事者であり、われわれの日本語修得が早く進むように〝兵站《へいたん》作業〟に従事するという形で、共通目標の推進に参画していたのかもしれない。しかし、連中とわれわれのあいだには体験を共有するということがなかった。日本語を学ぶことについての理解も愛憎もなかった。感情移入もなかった。それに社会的、教育的、知的背景の点でも、目標の点でも、われわれと気持ちを通わせ合うところがなかった。この落差は、ともすれば彼らのいらだちや怒りの原因となった。彼らにできることといえば、向こうは将校あるいは学生の監督を任務とする下士官、こちらはごく下っ端の兵士という力関係を利用してごり押しをすることでしかなかった。われわれの屈辱感、悩み、反発は、さらに募っていった。彼らの「命令」に反抗できる手立てはなかったが、時には〝インテリ〟の面目躍如たる憂さ晴らしも敢行した。

たとえば、ある土曜日の午後、こんなことが起こった。土曜日には通常、隊の定期点呼が行なわれ、そのあとで休日を迎えることができるのだが、その日はたまたま外部の係官一行が査閲に来ることになっていた。その成り行きに一抹の不安を感じた中隊長は、特にわれわれに集合を命じ、すべてを軍規どおりに執り行なって自分に恥をかかせることがないように、と訓示を垂れた。

　査閲が行なわれると、中隊長の予感は的中した。何丁かの汚れた小銃が発見されたり、要散髪の研修生が指摘されたりで、そのうえさらに、複数の部屋のベッドの下からほこりが玉になって見つけ出された。このため大騒ぎとなり、われらが陸軍大尉殿は言い訳に大わらわとなった。それに彼は、多くの学生から馬鹿にされていることに気づいておらず、部下と親しく接していることを自慢にしていた。ところが査閲の結果は、彼の顔に泥を塗ることになったうえ、日ごろの恩を仇で返す印象を与えた。大尉殿は裏切られたと感じたのである。次の週の月曜日か火曜日、中隊長は再び一同を召集し、査閲の結果を知らせると同時に自分の不満を吐露しはじめた。しかし、その気持ちに言葉が付いていかなかった。われわれの記憶の黒板から二度消すことのできない見事な失敗を披露してくれたのである。

――「諸君の今回の背信的所業は、まことに随喜（慚愧《ざんき》）に堪えない……」

　彼にとって不運だったのは、この誤りがA中隊の空気と密接なかかわりをもっていたことである。この言葉は、まるでノッポのバスケットボール選手がチビの相手プレーヤーを愚弄《ぐろう》しながらボールをもて遊び、パスするように、中隊長の周囲を駆け巡った。クラスの天才音楽家たちは早速この言葉をもじり、万一中隊長が聞いたらひどく傷つけられるような残酷な風刺詩を作り上げた。もっとも、中隊長にその真意を理解する能力があったかどうか……。いずれにしろ、この詩は古い賛美歌のメロディにのせて歌われた。

あなたのために捧げた私
それなのに、ああ、それなのに
随喜に堪えない背信行為……

事件のきっかけとなったほこりの玉についても、「睾丸《ボールズ》」と語呂合わせにして、同様の替え歌が作られた。

ボールズ、ボールズ、ボールズ
ホールに隠れたホコリのボールズ
ボールズ、ボールズ、ボールズ
ベッドの下にホコリのボールズ
ヒンズデール・ホールの

ほんとに人騒がせなホコリのボールズ……

これに続けて、前記の「あなたのために……」がもう一度歌われるのである。

日常生活

しかし普通は、ミシガン大学での日常生活はまさに息の詰まる日々であった。週五日間、毎日六時間の授業に二時間の自習というプログラムに加えて、軍事教練の日課が義務づけられていた。たいていは近くのバーンズ・フィールドに出かけ、行進か駆け足か密集訓練をやらされたが、いずれもわれわれにとってはまったく馬鹿げた行為のように思えた。しかし、ここでは部隊幹部の命令は絶対であった。時にはその体験、その階級ゆえに、クラスメートの誰かが教練の音頭をとり、下命することを許された。われわれはいつまでも従属者であった。軍事教練のアホらしさは、土曜日午前の仰々しい点呼で最高潮に達する。そのあと、しばしば行進の訓練が行なわれ、やっと無罪放免となる。それから日曜日の夜までが、われわれの自由な時間であった。

「支那の夜」と李香蘭

一週間に一、二度、日本の映画を観せられた。ヒアリングの能力を養うためである。これらのフィルムは太平洋戦線から持ち帰られた戦利品であり、その大部分が宣伝用の作品であった。こうした作品のなかでA中隊の一番人気は、なんといっても「支那の夜」であった。李香蘭、長谷川一夫主演による映画である。作品の数には恵まれていなかったので、この映画を一〇回以上も観なければならなかった。やがて、このなかでうたわれる歌、使われる台詞《せりふ》のすべてが暗誦されるようになった。

考えてみると、現在交戦中の敵国の言語を学ぶということははなはだ奇妙なことであるが、その敵国の映画を観て普段の政治意識を忘れ、日本の中国侵略を正当化する宣伝映画であるにもかかわらず、これを単なる大恋愛物語と受け取るのは、それ以上に奇妙なことだろう。いずれにしろ、私の記憶するかぎり、この映画が宣伝映画であることを知りながらも、われわれの気持ちは決して敵意や憎悪に傾くことはなかった。

長谷川一夫が満州娘の李香蘭にヒジ鉄砲を食らい、邪険にされながらも粘り強く求愛を続け、ついにはそのハートを射とめて、われわれがいうところの国際的結び付き、映画がいうところの大東亜共栄圏の完成に至ると、期せずして万雷の拍手がわき起こった。そこでは彼は〝敵〟ではなく、われわれの仲間の一人であった。われわれの価値観を逆転させるこの奇妙な現象は、主演者の演技力に負うところももちろんあったであろうが、それだけではなかった。この映画の描く世界はわれわれの多くにとって、占領日本(われわれはそれをすでに確信していた)を背景とし、自分を主人公として展開される甘美な夢を先取りした世界であった。李香蘭は、征服者に対する敵意から最初は手厳しい態度を示しながらも、ついには誠実で純粋な心の説得に抗し切れなくなって屈服する、自分の未来の恋人であった。

李香蘭は間違いなくA中隊の恋人となった。日本語学校の仲間にとって、現実の彼女と知り合うことが生涯の望みとなった。多くの者が、日本の土を踏んだら何はさておき、まず李香蘭を捜し出すと宣言し、てんでに勝手なことを並べ立てた。ほかの者はいざ知らず、私は望みを果たすことができなかった。いつか機会があったら、山口淑子（李香蘭）さんに尋ねたいと思っている。あのころどこにいて、何をしていたのか、と……。

A中隊の一日

日曜を除く毎日、A中隊の研修生は朝六時に起床させられた。大学付近の住民の迷惑になってはというので起床ラッパは鳴り響かず、当番がその任に当たった。その後一五分間でシャワーを浴び、ヒゲをそり、着替えをすませ、通りに整列して点呼を受けなければならなかった。多くの者はこの時間内にすませることができなかったが、それによって減点になるということはなかったように思う。

点呼のあと七時に朝食、七時四十五分までにベッドを整え、これで一日の用意が完了する。それから、隊列を組んで各教室へ向かうのである。授業が十二時に終了すると、再び隊列を組み、学寮の食堂に戻ってくる。食堂では盛り付けの順番を待って長い行列ができるが、そのときの様子を外部の者が見たら、おそらく驚いたにちがいない。漢字カードの練習が一斉に行なわれるのである。まずカードの漢字を見て、ほかの者の邪魔にならないよう、その読みを小さくつぶやいてみる。次いでその裏を見て、自分の読み方が正しかったかどうかを確かめる。時には指で空中にその字を書き、黙考し、間違いがあればまたまた書き直す。ミシガンの部隊幹部はこの光景に慣れており、やがて関心を示さなくなったが、その後フォート・マクレランドにおいてこの〝お勤め〟が再現されたときは、同地の軍事教練担当官は動転して騒ぎはじめた。彼は研修生というのはみな狂人だと思い込んでおり、これをその現われだと解釈したのである。昼食のあと午後の授業があり、三時にクラスは解散となる。

高邁《こうまい》な学問研究のあと、軍事教練が行なわれる。五時になると学寮帰館、シャワーを浴びたあとは、夕食までひと眠りしたり、手紙を書いたり、勉強したりの休憩となる。夕食のあと、また日本語と取り組む。大部分の者は監視の下に図書館で勉強し、特別許可を受けた者はその特典を利用して意気揚々と去ってゆく。妻帯者は家族との団欒《だんらん》を求めて家路に急ぎ、独身者は自室に引き揚げるか、勉学に好都合な場所へと移動する。ただし、目的は〝社会勉強〟であったりする。

勉強時間が終わると、午後十一時の消灯まで自由時間がある。しかし、この時刻までに研修生が戻っているかどうかを確認するための「ベッド・チェック」がよく行なわれた。研修生は、下士官に子供扱いされることをいい加減腹立たしく思っていた。ベッド・チェックが終わり、再チェックが行なわれそうにないとみると、何人かの大胆不敵な独身者はそれぞれ自分の〝ナイト・ライフ〟に取りかかった。ガール・フレンドとのあいびきに、パーティに、そのほか高尚とはいいがたい所業にと、寮を抜け出してゆくのである。これが見つかったら相当の罰が課せられるはずであったが、多くの者はまんまと目的を遂げていた。彼らの策した警戒のやり口が相当に巧妙であったからにちがいない。

クラス編成

研修生は、七、八人を一クラスとして成績順に二〇―二五のクラスに分けられていた。各クラスは日本語を使って「組」と称され、ナンバー1の「組」を筆頭に、そのときどきでクラスの数は異なるものの、ビリの組まで厳然として列を成していた。一、二週間ごとに、前の週の成績とテストを基準にクラス替えがあった。私は最初はビリのクラスで、次いで二十二番目のクラスだったと思う。というのも、以前に日本語をまったくやったことがないのは、私だけだったからである。しかし一年のあいだに私は確実に上昇を続け、ついにトップのクラスに入ることができた。こういうわけで、それぞれ短期間ではあったが、すべてのクラスに在籍し、ほとんどすべての学生と机を並べるという貴重な経験をすることができた。われわれの中隊には、少尉七人、中尉四人、大尉二人と一三人の将校が学んでいたが、驚いたことに、上位のクラスには将校は一人も顔を出していなかった。上位のクラスはすべて兵士によって占められていたのである。

私は当時、日本の歴史についてほとんど無知だったのでわからなかったが、あとになってこういうことはアメリカの軍隊だけのことではないということを知った。むしろ、流動的でない階層制度に共通した厄介な問題なのである。上下を定めた社会においてはその知性や能力もやはり上部に厚く配分されていると考えるのは、間違っている。

江戸時代の藩校、郷学、塾は、いずれも常にこの矛盾に直面した。試験においても通常の学習においても、庶民が身分では上位にある武士を凌駕することもあった。武士は武士のための、庶民は庶民のための教育施設に通うかぎり、問題はなかった。しかし、武士のための藩校にごくわずかながら庶民が通学を許される、あるいは藩校が遠すぎるために近くの郷学に武士の子弟が学ぶようになる、あるいは高名な私塾に庶民とともに武士も入門するといった事態が生じると、両者を比較するとき武士の面目を失墜させる結果になることがよくあった。それ以上に問題なのは、その底にある原理への疑問、つまりは世襲的身分制度という前提に対して疑問が噴出してきたのである。このことは、身分を問わず才能のある者を掘り起こせという江戸時代末期の「人材養成」とも、深いつながりをもっている。

アメリカの軍隊組織、それも日本語学校という小さな社会と、日本の封建社会とは、そう簡単に比較することはできない。しかし、その組織力学には差異はないのである。成績のはるかに劣るあの連中が将校で、なぜわれわれは兵士なのかという、疑問と不満が常によどんでいた。とはいえ、こうした疑問や不満も、それほど徹底したものではなかった。いずれは将校に任官するのであり、その時期がくれば、不平等も不当な格差も解消されるからである。

二世の不満

二世たちは、その処遇に対する不当性をさらに強く糾弾する権利をもっていた。彼らの日本語能力はわれわれのそれをしのいでいたにもかかわらず、兵士のままに据え置かれたからである。太平洋戦争に参戦した二世の歴史を描いた『ヤンキー・サムライ』の著者ジョセフ・ハリントンは、次のように述べている。

「白人の将校は、たいていなんの問題もなく昇進していった。これは二世にとって、どうにも受け入れがたいことであった。日本語の力において劣り、教育程度でも隊内の兵士と同程度の者が将校に昇進し、どうして自分たちがその後塵を拝さなければならないのかと……」

戦争が末期になると、事態はやや改善されたが、差別の根は深く大きな変化はなかった。

エンゼル・ホール

毎朝八時、われわれは決まってエンゼル・ホールの教室にいた。この建物はすでにわれわれの生活の一部となっており、それゆえに親しみを込めて、この建物に行くことを「衔する」と称した。「天人《エンゼル》」を「行」の字のあいだにはめ込み、「エンゼル・ホールへ行く」を表わした座興の産物である。和製英語は数々あるが「衔」こそがわれらが誇る初の米製漢字であった。時限ごとに異なる教師から異なる科目を教授されたが、これによって日本語の分野を広くカバーするだけでなく、いろいろなタイプのいろいろなしゃべり方や発音に慣れさせるのが、その目的であった。会話、講読、書き取り、翻訳などが毎日決まって与えられる科目であり、日本語の力が上達するにつれ、兵隊用語や文語体、新聞読解、行書などの科目が追加された。候文《そうろうぶん》、草書までやらされた。

土曜日の午前は、「ツバして磨く《スピット・アンド・ポリッシュ》」という名の軍隊式清掃が点検されることになっていて、部屋の整頓やベッド、衣類、ライフルの手入れなどがチェックされた。この点検にパスしない者は、週末休暇のすべて、あるいはその一部を取り消される規定になっていた。この関門をくぐり抜けると、「苦あれば楽あり」である。

第3章　日本語を学んで

日本に関する地域研究

日本の歴史、地理、政治、経済、文学などを研究対象とする地域研究《エリア・スタディ》は、カリキュラムには含まれていなかった。これは、われわれの究極の仕事を考えるときわめて奇妙なことであり、当時もびっくりさせられたものであるが、要するに時間が切迫しているという理由で語学だけを集中的に研修するしかなかったのである。低レベルの陸軍専門訓練隊においては、日本語が使われる背景を説明する科目も組み込まれていたが、これはやはり語学の集中的修得を犠牲にしたからできたのであった。

語学修得を超えて

語学修得を至上命令とするわれわれの場合は、日本語が話される背景の社会や文化には目をつぶり、ひたすら突っ走るという形で言葉だけの学習が強行されていった。もっとも、中隊には日本生まれ、日本滞在経験者、大学で日本語を学んだ者と、多少とも日本を知る者が大勢おり、それぞれの言葉がどういう文脈において話され、どのようなニュアンスをもつかを理解していた。しかし私には、こうした予備知識はなかった。文字どおりの白紙だった。仮にあるとしても、ジョン・エンブリーの『須恵村』を通じてわずかに身に付いている知識だけであった。

そうした知識は、読解の時間を通じて、あるいはそれ以外の時間に使用されるさまざまな教材を通じて、間接的に吸収されるだろう、会得されるだろう、というのが上層部の期待であり、思惑であったのだろう。たとえば、長沼読本の上級へ進むと、日本の社会、政治、経済に関する記述が多少あったし、講読の時間には、難易取り混ぜて日本の文学作品を数多く読ませられた。

いずれにしろ、上層部の期待はある程度満たされたようである。研修生の多くは、教師の推薦により、あるいは教師がかならずしも英語文献に通暁しているとはかぎらないので中隊仲間でその方面の知識を十分にもっている者の助言を受け、図書館に通っては日本関係の本をいろいろと読みあさった。

映画もまた有効であった。宣伝色の強い作品が多かったが、それでも画面には日本人の生活ぶり、生活のリズムが息づいており、人間関係のあり方、生活や戦争に関する考え方が読み取れた。いずれの作品にも共通していえることは、キス・シーンがまったくないことで、これにはわれわれは目を見張った。日本の倫理観、道徳観が、少なくともその時点においては、アメリカのそれと著しくかけ離れていることがうかがわれた。李香蘭の燃える思いに打ち震える風情、かすかな目の動きに見せる慕情、小首をかしげる可憐さ、全身の喜びを凝縮させる一瞬のほほ笑み、これらすべてが魅力に満ち満ちていたが、彼女の姿は同じ状況の下でアメリカ女性が示す素振りとはよくよく異なっていた。こういう女性もいるのかと思われたのである。

私がいちばん没頭して読んだ著作は、ジョージ・サンソム卿の古典『日本文化史』である。この本は私にある種の啓示をすら与えてくれた。しかし、この名著は近代日本をまったく扱っておらず、私がいくら熱心に読んでも、日本は依然として時間的にも空間的にも遠い国、はるかな存在であり、私と日本の結び付きを強固のものとはしてくれなかった。私がやらなければならないことは、当然、歴史の化石となった明治以前の世界と、生命の息吹きを放っている現代日本をなんとか融合することであった。しかしその仕事も、ため息が出るほど遠くにあった。それまでに学んだ歴史的イメージと近代日本のイメージとを結びつける手がかりすらなかった。

私はまた、『古代日本制度史』と題するあまり名の知れない古ぼけた文献を見つけた。著者はそのころアメリカでも日本でもほとんど無名に近かった朝河貫一という学者であった。朝河貫一は早稲田（まだ専門学校であったころ）を卒業後、エール大学に留学、一九〇三年ごろに博士号を取得していた。彼は終戦後までエール大学に残って研究生活を続けたが、人目を引くことはほとんどなかった。彼の博士論文は大化改新に関するもので、改新前の社会の記述に始まって改新の動因、誘因を述べ、大化改新に触れてから直後の社会を概観するといった形で、見事に論理を進めていたが、これとても古代日本に関する著作であり、明治以降の理解にはどうにも役に立たなかった。ホーマーの『イリアス』をいくらすかしてみても現代のギリシアが見えてこないのと同じことである。

祖谷の村々への憧憬

朝河のある論文を読んでいたところ、私はふとその脚注の一つに興味を引かれた。四国の祖谷《いや》川上流にある人里離れたある村について言及していた。

伊予の国祖谷山の村々は、険阻な山、深い峡谷によって、外部から遮断され、守られていた。十四世紀、この国の領主が他の地域をすべて支配下に置いたのち、村への侵略を企てたが、村では命知らずの野武士を雇い入れ、その指揮の下に激しく抵抗した……。

この地方は今日でも訪ねてみる価値があるし、現在の状況を研究する価値を有していよう。最近この地方を旅行した伊予の一住民は、この土地が依然として近づきがたい地理的条件を有し、支配階級の数家族が農民たちによって尊崇されている一方、農民たちは気性が激しく、一向に人になじもうとしない、と観察している。

私もまた、この村は一見の価値がありそうだと考えた。そこで一九四七年、総司令部による漁業改革の関係で高知県を訪れたとき、伊予まで足を延ばした。そして積年の望みである、右の脚注に登場する村へ足を踏み入れた。確かに外界から隔絶された村であり、その当時も郷土の子孫を中心に伝統的な古い支配をかたくなに守っていた。村に入る途中、男たちが重量一〇〇キロもあろうかという原木を頭の上に載せて運んでいる瞠目《どうもく》すべき光景に出会った。独特の固定具を身に付け、その上に丸太を安定させて、そろそろと曲がりくねった峡谷沿いの小道を下ってくる。小道が急角度に曲がると、人夫たちは頭と身体をゆっくりひねり、それから足を踏み出していった。無造作に回転しようものなら、丸太の勢いに振り回されて千尋の谷へ転落するのは必定であった。重みに耐えかねると、上部が平らになった杖のようなものを地面に立て、腰まで延びている器具の枠の先端をそこに当てて、身体にかかる重量を逃がすのであった。言葉をもってしては言い表わせないようなこの仕事は、若者の屈強さがあってなんとかやっていたが、その盛り上がった肩と背も時には力の限界に達することがあった。休息に適した場所がない場合は、見つかるまで汗にまみれた身体がガクガクと震えていた。

「夜這い」

この伊予への旅行で、初めて「夜這い」の習慣について知ることができた。年配の男たちが若いころの夜這いの経験をちらりと口にするのを耳にして、私は人類学的興味からすぐにそちらへ話をもっていった。まだ「若者宿」があるのかとか、配偶者選びの一手段としてなお夜這いが行なわれているのかなどと質問すると、周囲の者はみんな笑った。ある年寄りは次のようなことを言った。近ごろの若い衆はどうかしてるんじゃないか。夜這いは古くて野蛮だから、自分たちはやらんと言う。なんでそんなに自分を抑えなきゃならんのか、さっぱりわからん。あれはいい習わしなのに……と。ほかの年寄り連中も、この主張を積極的に支持していた。

しかし、日本語学校ではいかなる書物を読んでも、生きた日本の姿を思い浮かべることはできなかった。新しい日本について私が知っていることといえば、映画や教材を通して得たもの、日本を知っている仲間から聞かされたことなどで、まったく乏しいかぎりであった。そのころルース・ベネディクトの著作が出ていたとしたら、私はもっと現代日本について考えたであろうと思う。

日本語学校の休暇中にニューヨークに行ったとき、マーガレット・ミードと夫君のグレゴリー・ベイトスンと夕食を共にする機会があった。その席上、ベネディクトの研究が話題になった。しかしたまたま、人類学に映画を利用する彼らの実験などもっと興味深い話題が次々に飛び出し、ベネディクトはかすんでしまった。それに、ベネディクトやイギリスの人類学者ジェフリー・ゴーラー、精神分析医のウェストン・ラバーレらが参画した研究プロジェクトは、学会誌にまだその成果が発表されていなかった。発表されていれば、私の対応の仕方も少しは変わっていたのではないかと思うのである。

ベネディクトの著作が出版されたのは一九四六年であり、そのころ、私はすでに日本の土を踏んでいた。そういうわけで、私の日本に対する知的準備にはならなかった。

授業

基本ルール

日本語学校における授業の最初の日、われわれはその後一貫して守られた授業の基本ルールを言い渡された。教室では英語はひと言も話してはならないという申し渡しであった。語彙や文章の意味、文法について質問があるときは、これを日本語で尋ね、教師も日本語で答えるというやり方である。どのレベルのクラスでも、このルールは守られていた。

当時は知らなかったが、このやり方は陸軍日本語学校の教育原理を土台にした日本語教授法であった。「クラスでの教師の説明と研修生の質問は日本語のみで行なう」というのがこの教授法の柱であり、「日本語の理解、基本の修得」にはこのやり方が最短距離という主張と信念がその背後にあった。

そのほかにも、次のような特徴があった。まず、「教師の指導下において最大限の接触時間を与える」、つまり「研修生をあらゆる形で極力日本語に接触させるようにし、これを長期にわたって持続する」のである。「授業時間を限定して一〇〇パーセント覚えさせるのでなく、授業時間をできるだけ多くして日本語の知識を最大限詰め込む。その結果、たとえ五〇パーセントでも身に付ければよい」という姿勢であった。第二の特徴は、「教授にあたっては、視聴覚や実技訓練に頼るだけでなく、あらゆる方法を総動員する」ことであり、第三は、「カリキュラムならびに教授法を常に評価検討し、改めてゆく」ことであった。

初めの数週間は、授業は会話しかなかった。少なくとも私の属した下のほうのクラスではそうであった。研修生は毎日、教師が作成した謄写印刷のプリントを受け取った。それに従って会話練習が行なわれ、さまざまな新しい言葉や文章、文法が教えられた。簡単な説明を付けて、言い替えの表現を並べてある場合もあった。研修生はこの文型を読んだり暗誦して記憶し、徐々に別の状況にもこの文型を応用し、利用する術を会得していった。この教授法では、伝統的な文法の説明は行なわれなかった。

そこで、教師は独自の説明法を編み出し、それを日本語で説明した。間接的な発見の糸口を与え、複雑な構造のなかに潜んでいる原則を研修生自身に見つけ出させようとした。やむをえない場合には、教師が直接指で示した。

平仮名と片仮名

すでに日本語と接していた上のクラスの連中には、平仮名と片仮名が教えられた。しかし、下のクラスのわれわれに文字を書かせるのは早すぎるという判断の下に、初めの三週間ほどは会話だけの学習にとどめられた。一週間のあいだ平仮名がみっちり仕込まれ、それが完全に頭に入ると、片仮名に移っていった。片仮名を完全にマスターするためにも一週間が費やされた。それから、漢字に移るのである。

上のクラスの何人かは、すでに陸軍専門訓練隊で仮名を学んでいた。一部の者は漢字まで知っていた。学校であるいは独力で、修得していたのである。最も進んでいた二、三の研修生は、独習で膨大な数の漢字を記憶していた。しかし大部分の研修生は、初歩からスタートした。開戦当時アメリカの大学で入手できた教科書や教材は、われわれの教授法とはまったく異なる方法に基づいて組み立てられ、作成されていた。当時の日本語教育は、読解力を重視して文法中心に進められ、会話はほとんど無視されていたといってよかった。しかし、こうした教育にかなったのが、ライシャワー、エリセーエフ共著のテキストであった。しかし陸軍の集中語学研修は、狙いをまったく異にする新しい試みであった。当然、従来の教材はほとんど用をなさなかった。

教　材

陸軍も海軍も、新しいプログラムにふさわしい教材は「長沼」しかないと考えた。そこで、戦前の日本語学校が持ち帰った長沼の教科書を修正して新しい教材が作られた。教師たちは、教えながら試行錯誤のあげくよりよいテキストにしていったのである。その成果が、われわれに配られる謄写版のプリントというわけである。プリントのなかには、前の晩遅くまでギリギリの作業が行なわれ、刷りたてのものもあった。

長沼の読本《リーダー》は全部で七、八巻、段階別のシリーズとなっていた。基礎篇から始まって、巻を追うごとに難しくなり、最後は上級篇となっていた。基礎篇は小学校の教科書を素材として編まれ、中級篇は中学レベル、上級篇は高等学校・大学レベルで編集されていた。最後に近づくにつれ、文学作品や新聞、雑誌記事などが多く顔を出した。しかし、この七、八巻のテキストをその年のうちに終わらせることはできず、せいぜい六巻までが限度であった。

教師が作成した教材、長沼リーダーに加えて、ヤマギワ教授が作成した新しい教科書『現代日本語会話』も利用された。このテキストは、会話の修得を目指して書き下ろしたもので、文法重視という従来のテキストの定型を打破してはいたが、多くの研修生から古くさくて従来の文法書と変わらないと文句が出ていた。研修生の不満の一つは、ヤマギワ教授の命名によるはなはだ抽象的かつ特異な文法用語の暗記を求められたことである。結果の限定詞、譲歩接続節、未完了相、などというのがそれであった。研修生は自分勝手に同様の感触をもつ用語を生み出しては、ヤマギワ教授の文法用語を軽く茶化した。

機知に富んだ仲間の一人が、文語体に関する冗談めかしたエッセイをものした。——「文語とは、日本語のうちの特殊な文章語、文学言語である。すなわち〝神秘な東洋〟の代名詞である。いまの大和民族の先祖が〝東京へ〟という合い言葉のもとに、朝鮮海峡を押し渡り、火山列島ともいえる日本本土にゆっくり浸透しはじめたころ、彼らが話していた言葉はわずかに、〝結果の限定詞〟など限られたものであった……」。

ローズ＝イネスの編んだ『和英漢字辞典』は、われらが憎悪する親友であったが、日本語だけの『上田大字典』も座右の書であり、その利用を盛んに勧められた。漢字を記憶するにも、辞書を引くにも、そのカギは「偏《へん》」と「旁《つくり》」にあり、われわれと「偏」は切っても切れない縁を結ぶこととなった。「偏」にはそれぞれ固有の番号が付けられていたが、三〇年以上を経た今日においても、ある漢字を辞書で引くとなると、自動的にその漢字の「偏」の番号が即座に浮かんでくる。「イ偏《にん》」なら九番、「木偏《き》」なら七五番、「糸偏《いと》」なら一二〇番、「言偏《ごん》」なら一四〇番、といった具合にである。かなり多くの漢字を覚えるように指示されていたが、いまになってみるとその正確な数を思い出すことはできない。しかしクラスメートの何人かは、自らいくついくつ記憶すると宣言し、苦行に励んでいた。

漢字五〇〇〇字丸暗記

ローズ＝イネスを全部暗記すると決意した者は何人もいた。この辞書には漢字五〇〇〇字が収められていた。学校側は、一定のレベルに到達した学生についてはあとは本人の自主的な意欲に従って進めてほしいという期待のもとに、基本を教えたあとはあまり干渉せず、それよりも辞書の引き方など能力を高めるために必要な方法を伝授するのに力を入れていた。こうして、できるだけ多くの漢字に触れさせようとしたわけである。たとえ一〇〇パーセント頭に入れることができなくても、五〇パーセントでも使えるようになれば、という狙いからである。『陸軍言語学校言語訓練史』にはこう書かれている。

研修生は各コースの冒頭において、和英・英和辞典、漢和辞典の利用法を学ばせられる。そして日々の予復習にその利用が強く求められる。辞書を引くという煩瑣《はんさ》で時間のかかる過程を通じて、研修生はより徹底した日本語の知識を修得してゆくのである。

日本語に対する知識と理解を深めるにつれ、軍事用語、新聞記事の文体、文語文、候文などを主体とする新しい教材が配布された。新しい用語とその意味あるいは解説を述べた用語集、単語リスト、特殊分野の語彙、読本用教材などが与えられた。多くの場合、教師たちの意図は、かなり特殊な意味をもつこれら日本語の各分野にわれわれの感覚を慣れさせることであり、決して語学の専門家に育て上げることではなかった。ところが、クラスのなかには必ず何人か、かなり先まで進んでいる者がいた。

現在ブリティッシュ・コロンビア大学の教授を務めるレオン・ハーウィッツは、ミシガンにいたころ〝漢字王〟の尊称を奉られ、ゆうゆうと候文の書簡をものしていた。彼はあのころすでに一万語以上の漢字を頭に入れており、『上田大字典』の漢字なら一つ残らず記憶していると豪語していたが、それに異を称えるクラスメートは一人もいなかった。本当に彼が『上田大字典』を頭に詰め込んでいたかどうか、私には証明する手立てはないが、その実力を思い知らされる印象的な事件を記憶している。

そのとき私は、中国人の友人から年賀状を受け取ったが、そのなかに知らない漢字が一つ出てきた。漢字五〇〇〇語を収録した手元のローズ＝イネス漢字辞典を繰ってみたが、問題の字を見つけることはできなかった。そこでレオンを訪ね、その字を知っているかどうか尋ねてみた。彼は賀状をちらりと目にすると、「ああ、知ってるよ。こいつはローズ＝イネスにも上田大字典にも載ってない。冨山房を引けば、これこれの番号のところに出ている」と、気のなさそうな調子で答えた。

これは、私には青天の霹靂《へきれき》どころではなかった。『上田大字典』に載っていないと知っているということはこの辞書に収録された一万四〇〇〇語をマスターしているということであり、冨山房のこれこれの番号にあると明示できるということはこの辞書までも攻略していることを物語っていた。この辞書を隅々まで記憶しているからこそ、問題の漢字の整理番号まで言い当てることができたわけである。その夜、私は図書館で二つの辞典を繰ってみた。『上田大字典』にはやはり載っていなかった。しかし冨山房には、彼の言葉どおりのところに、鎮座ましましていたのである！

研修生のもうひとつの〝神器〟は、「漢字カード」であった。長沼読本に付いていたもので、縦一〇センチ、横五センチほどの厚紙でできていた。表には基本漢字一字とそれを使ったおもな熟語が数語印刷され、裏にはその読みと意味が和英両語で書かれていた。われわれはどこへ行くにも、上衣のポケットかズボンの尻ポケットにこれを突っ込んで持ち歩き、寸暇を惜しんで暗記に努めた。その読み方をブツブツとつぶやき、空に指でなぞった。

日本語にのめり込む

自我の再構成

外国語を学ぶということは、新しい情報体系を吸収するだけでなく、自我を大きく変貌させる複雑な過程でもある。自我が実質的に再構成されるわけである。しかもこの過程は、心理領域がからむだけでなく、生理領域も関連をもつように思われる。私はいくつもの言語を話すが、ある言語からある言語へと使う言葉を変換すると、自分が人格も身振りも動作もそして頭脳構造の枠組までも、それに合わせて姿を変えてゆくのがわかる。少なくとも私にはそう思えるのである。

フランス語を話すと、実際にはそういうことはないかもしれないが、自分が頭脳明晰、論争好きで、説得上手になったように思え、同時に口先ばかりの逆説的で意表をつく人間になったような気になる。フランス語はどちらかというと〝口説き〟に力量を発揮する言語のようである。

しかし、スペイン語に切り替えると、また別人のようになる。正しいリズム、イントネーションを保とうとして、私の身振りは、メキシコ人そのものになってしまう。内に力がみなぎり、自分が〝男のなかの男〟になったような錯覚に陥る。かなり高圧的、独断的になるが、その反面詩人にもなる。俗っぽくもなるし、快楽的になる場合もある。

ところが、日本語を話すたびに、自分はこんなにも礼儀正しい人間になれるものかと、自分で驚いてしまう。こういうことは、英語を話すときは一度も感じたことがない。

言葉が異なると、別人になった意識をもつのである。人にも異なった反応をするし、同じ事物でもいささか違ったように受け取ることもよくある。視角が違ってくるのかもしれない。通訳の専門家がA言語からB言語へ、ニュアンスを忠実に置き換えるのには、私は感嘆せざるをえない。言葉を切り替えると、心までが位置を変えてしまう。私はよく、そのときしゃべっている言葉の国の人間に間違われるが、さもありなんと思うのである。

その理由は生理的な変化にあると思う。外国語を学ぶということは、その言語に固有の生理的な動きを学ぶことでもある。新しい音声を新しいリズム、新しいイントネーションに乗せて正確に発音するには、口が、唇が、そして顔の筋肉が、その型を学ばなければならない。耳も、音の流れのなかから新しい固有の音素を拾い出すテクニックを身に付けなければならない。頭のコンピューターも、自動的に無意識的に、その言語の文法構成や語順に追随する術を会得し、それに慣れる必要がある。この作業は時間がかかる。新しい言葉が母国語から縁遠いほど、この生理的変化を修得する時間も長いものとなるのである。

この生理的差異は人種差というより言語差によるものだ、と感銘をもって思い知らせてくれることが、日本に来て間もなくの私の目前で起こった。東京の通りで一人の若者が私の前を急ぎ足で歩いてゆくのを見たとき、絶対的な確信をもってこの若者は日本人ではなくアメリカの二世だと思った。しかしその確信の理由は、どうにも見出せなかった。二世も日本人も民族的には同根であるにもかかわらず、見分けるのは容易であった。顔の動き、唇の構え、視線の位置、唇と目の相互関係などが、両者の差を際立たせていた。英語をしゃべって育った者と日本語で育った者のあいだには、明らかに見分けのつく違いがあった。

その日、私の前を走るように急いでいた二世は、天啓ともいえるひらめきを与えてくれた。その後、あの青年が大股に、舗道から靴を引き上げるようにして軽快に歩を進めていたことを思い出したのである。そのころの日本人は、たいていの人がすり足に近い歩き方をしていた。草履や下駄で歩くあの足さばきである。

外国語を修得する場合、学びはじめたばかりのころは、わずかな語彙、ごく初歩的な文型しか持ち合わせていない。単語も文法も貧弱なものである。私の場合も例外ではなく、最初のうちは、挨拶文などは定型の言い回しをオウムのように繰り返すだけで、乏しい単語を工面して現在形叙述文をいくつかひねり出すのが関の山であった。

それでも、当初はその枠内で足場を固めるのに必死だった。やがて習った範囲のことがある程度身に付き、かなり満足すべきところにまで到達すると、今度は欠落している部分の多さに非常なもどかしさを感じるようになった。特にクラスメートや教師と会話を交わす段になると、自分の言いたいことに比べて文法の知識も語彙もあまりにも貧弱であった。時制についても、受動態・能動態についても、修飾語についても、とにかくあらゆる点で十分というにはほど遠かった。日本語で過去形はどう表現するのか、受け身はどうするのか、私はひとつひとつについてテキストのしかるべき部分に当たってみた。質問しようにも日本文の作成が思うようにならなかったが、教師にもできるだけ尋ねるようにした。はなはだしい場合は、訂正あるいは補筆しなければ正しい日本文にならないような文章をそのまま提出し、教師が私の意を汲んで直してくれるのを待った。これは心理学でよく使われる文章完成法のテクニックである。

ただしこの場合、正しい文章を作ってみせるのは、私でなく、教師であった。だから、ぜひとも欲しいと思っていた言い回しや語彙が出てくると、その瞬間に飛び付くようにして覚え、決して忘れないようにした。そして、その新知識を咀嚼《そしやく》し、自己のものにしようと懸命になった。

新しいレベルへ

この新知識を消化してしまうと、さらに次の知識を要求するようになるわけだが、それとは別に、自分が待ち望んで手にした上のレベルに到達したにもかかわらず、新しい段階に入ると、頓挫、空転の時期が襲ってくることに気づいた。新しいレベルの知識が思うように操れないだけではない。前の段階の心得すら以前のようには使うことができず、一瞬青ざめるほどであった。すでに理解し、具体的に使えると自信めいたものをもっていたにもかかわらず、砂上の楼閣のように崩れてしまったのである。パニックに陥らないほうがおかしいといえよう。しかしそのうち、たいして気にならないようになった。この一時期の揺り戻しは新しい段階へ入るにあたっての通行税のようなもの、と納得したからである。

新しい段階に入って、新しい文法や新しい文型を理解し、さらに語彙を増やして、以前にはできなかった文章や表現を使えるようになり、いささか気分がよくなるころ、再び習熟の時期すなわち〝馴らし運転〟の期間が訪れる。新しく得た知識に、それ以前の知識や事象のあれこれを盛り込み、組み合わせ、新しい枠の範囲内で自由に使いこなせるようになるまで練習するのである。しかし、この過程が完全に終了しないうちに、新たな知識の欠乏、新しい問題、新しいもどかしさを感じるようになる。そして再び、その解答を求める作業が開始される。質問を提出し、不完全な文章を訂正を求めて提示するのである。

しかしこの時期になると、直接の質問とか巧妙で不完全な文章によって、居合わせた周りの者から答えを引き出した。こうしたプロセスを経て、文章を名詞化するときに用いる「わけ」の使い方（たとえば「頼まれたから、そこへ行ったわけです」）を突如として身に付けたとき、勝利の喜びを禁じえなかった。それまで長いあいだ、単純な過去形の言い方にもの足りないものを感じていた。言いたいことを表現するにはそれでは不十分であった。そのとき私が聞いていた文章から、このフレーズが霊気のように立ち昇ったのである。それからしばらくは、この名詞化の手法をこの世でいちばん自然な言い方でもあるかのように連発したのであった。

一方、英語などのヨーロッパの言葉を話す者が別のヨーロッパ語を学ぶ場合には、いま述べたようなことは起こらない。修得に要する時間も短くてすむ。近隣語同士だから、まずまずの置き換えで事が足りるからである。西ヨーロッパの言語間では、文法的範疇《はんちゅう》、基本的語順、ニュアンス、概念、いずれも共通の部分があり、当然その修得は容易となる。とはいえ、ヨーロッパの言語を話す者にとって、日本語の構造は母国語のそれとは根底から食い違っている。たとえば語順である。英語の前置詞に対して日本語は「後置詞」だし、動詞は文の終わり近くでやっと顔を出す。否定形は助動詞を使うというより動詞変化を利用した表現が主であるし、時制の表わし方も大きく異なるから、日本語に相対すると混乱し、自分が何を言おうとしているのかわからなくなってしまう。

発想法の違い

言語世界を下から支える考え方や、発想も違っている。一つの言葉が包含する意味合いの範囲も異なるし、そもそも日本語には「関係代名詞」がない……。

英語国民がほかのヨーロッパ語を三、四カ月集中的に学習すれば、相応の成果が得られ、それなりの力を身に付けることができる。だが、日本語の場合はそうはいかない。日本語学習には、一つの壁ともいえる重要なポイントがある。このポイントを越えないかぎり、日本語に関しては無力も同然である。つまり、十分な知識と能力を蓄積したあげくこの壁を越えた者のみが、ヨーロッパ語を学ぶとき第一日目からなしうる手法を日本語の学習にも適用することが可能となる。日本語を覚えるときは、心理的、生理的変化には十分に時間をかけなくてはならない。大事な関門に到達しさえすれば、あとはその人のペースで相応に進んでゆくことができる。さて、この関門をくぐるまでの時間であるが、もちろん人によって違ってくる。しかし私の経験からすれば、たっぷり一年は必要だと思う。それ以下の場合は、学習時間に比例する効果を期待しても、まず無理である。

もう一度念を押しておきたいが、右のような考え方が当てはまるのは西ヨーロッパ語を母国語とする者の場合のみである。言語学者がウラル゠アルタイ語族に分類している朝鮮語、蒙古語、トルコ語、ウズベク語、ハンガリー語など（あるいはフィノ゠ウグロ語族の場合でも）をしゃべる者は、日本語の修得はそれほど難しくないと感じることだろう。文法的に重なる部分があるし、概念・発想にも類似点がある。文章構造や語順すら共通しているケースも少なくない。

ワシントン大学で教鞭を執っていたころ、客員教授として大学に来ていた蒙古人の学者が私に言ったものである。――「日本語は易しいですよ。蒙古語とほとんど変わりません」。骨身を削るようにして日本語を修得していた私は、歯をキリキリ言わせるばかりであった。

しかし、あの戦争のさなか、同世代の男たちが世界各地の戦線で弾雨にさらされているとき、一年間という辛うじて日本語の壁を越えられる時間を与えられて、集中的に日本語を学ぶことができたのは、まれにみる幸運であり、その巡り合わせに感謝せずにはいられない。われわれは、日本語の出発点という点ではひとりひとり異なっていた。その結果、日本語学習の一つのゴールでありまたスタート地点でもある〝壁〟に到達する時期も、さまざまであった。私はそれぞれに深い意味をもつ段階をいくつも踏み、びっくりするような発見を何度も経験しながら、一年を費やして〝日本語大明神〟の社殿の前に立ったのである。

会話勉強のイロハ

日本語を教わりはじめたころ、次のようなやりとりを会話勉強のイロハとして教えられた。

「この本を持っていってください」
「畏《かしこ》まりました」

この「畏まりました」という簡単な一文が、私に大事なことを気づかせてくれる契機となった。

しかし当初は、カ・シ・コ・マ・リ・マ・シ・タと八音節もあり、その長さに辟易《へきえき》した。日本語に接して間もない私に、全体の意味はわかっても、語の結合として成り立ちや背景が理解されるはずもなく、ただ無意味な音の連なりとして頭に叩き込むしかなかった。四苦八苦しながら、丸暗記するのに何日かかったことだろう。やがて、この文章が過去形であることを知るようになる。ただし、英語の過去形とは、明らかにその意味するところが違っている。なぜ「畏まります」と言わずに、「畏まりました」と過去形を使うのだろうか……？　過去形とはいいながら、ここには明らかに相手を尊敬する気持ちが現われているのである。ということは、英語の過去形というのは単に過去の時制を意味するだけであるが、日本語ではどうやら相手を敬う気持ちと密接に結び付くものらしい……。

こういう推察がつくと、今度は「ありがとうございます」より「ありがとうございました」のほうがいっそう丁寧の度合いが強いのを理解するようになり、次にそれは確信へと変わった。

しかし、この一文にはもうひとつ、わかりにくい一面が含まれていた。日本語を話すとき、彼我の相対的関係、上下関係が大きくからむという問題であった。「畏まりました」は謙譲の表現であり、話し手と聞き手のあいだには大きな社会的落差があることを示していた。英語国民にすれば、「あなたさまの御前にて私はおそれおののいております」とでもいうほどの畏まり具合であろうか。こうした意味合いを含めた言い回しは、封建時代のイギリスでは日常的に使われていたかもしれないが、現在では古い文学作品にみるほかは、ジョークとして使われるにすぎない。日本でこうした表現が用いられているのは、古い階級意識がそのまま残っているか、あるいはさしたる意味もないまま過去の意識の痕跡として会話のなかに閉じ込められているかの、いずれかである。

この会話のやりとりについて、ある日本生まれのクラスメートは、われわれ初心者に真剣な顔つきで次のように言った。

日本人に対して、決して「畏まりました」と言わないほうがいいよ。言った瞬間に、連中の下にいることを表明したことになる。これは召し使いが主人に対して使う表現なんだ。この言い方をアメリカ人に学ばせる真の狙いは、われわれを連中の召し使いにしようということなのさ……。

日本生まれの連中は、当時われわれにとって一段高い存在であった。そのＢＩＪが、上から重々しく、意義深いお告げを下されたのだ。これは容易ならん表現、扱いに細心の注意を要する言い回しだぞ、と私は身を固くした。しかし、われわれの教育に一途の情熱を傾けている教師の顔を見ても、その背後に、アメリカ人は日本人より劣ると教え込むことによって、アメリカ兵の士気を鈍らせようとする狡猾《こうかつ》な考えが潜んでおり、われわれはその生贄《いけにえ》にされようとしているなどとは、とても信じられなかった。そこで、同じような状況で同じ内容のことを言いたいときにはどう表現すればよいのかと聞くと、彼は「よし」あるいは「よろしい」がいいと教えてくれた。こうした言い方で、誰が目上であるかを知らせるのだという。

いずれにしろ、私には判断する規準がなかった。仕方なく、長く日本にいた親しい友人に尋ねてみた。彼は言下に「バカバカしい」と言って笑った。「〝畏まりました〟は確かにへり下った言い方さ。しかし、日本語のへり下りというのは、尊敬を表わす言い方でもあるんだ。だから、教師、雇い主、年長者そのほか目上の者にいくらでも使うことができる。それによって自分を貶《おとし》めることには断じてならない……」

このように、日本語を学びはじめた当初から、一見ごく簡単そうな一文にさえ日本生まれの友人が少々妄想の過ぎる怒りの反応を示したように、さまざまな問題が次から次に出てきた。これらの問題は、日本語と英語という言語上の相違に根ざすだけでなく、日本の社会や歴史と密接な関係をもっていた。

こうしたひと筋縄ではいかない問題は、新しい文型や言葉を学ぶたびに、さまざまな角度から飛び出してきたように思う。日本語を習うということは、日本に関する森羅万象を表現するための新しい言語を学ぶ、そういう印象であった。

このプロセスは小説、詩歌、学術論文の場合にも当てはまり、こうした教材に触れるということは、いままで知らなかった新しい世界を経験するのと同じことであった。誰もが、なんらかの伝達手段を通じて、実際にはできないようなことを体験することが可能である。自分が経験したわけではないのにあたかも体験したかのように、時にはその体験者の内面を大きく変える恐ろしい力をもつことにもなる。その衝撃力は、実際に体験した場合に勝るとも劣らないほどの強さをもつ。人間は限りある存在であり、寿命という限られた時間に自ら体験することといえば、ごくわずかなことにすぎない。しかし、たとえば文学作品に触れるとき、人はにわかに飛翔する翼をもち、時間も空間もなんなく飛び越えてしまう。五感をもってしては到達しえないはるかなる地の出来事をも、わが物として悠々と体験することができるのである。

その意味では、新しい言語とて違いはない。新しい言葉を知るということは、新しい体験、新しい感覚、新しい洞察力、新しいものの見方を身に付けることであり、自分自身をも含めた周囲の事象を新たな角度から観察しうる新しいメガネを得ることでもある。

挨拶の言葉

私がこのことに気づいたのは、挨拶の言葉とか感謝の表現など、やはりまだ初級の日本語を習っているころであった。たとえば、英語で"How are you?"というところを、日本語では「お元気ですか?」「お変わりございませんか?」と呼びかけ、"I am well. Thank you."の代わりに、「おかげさまで」と受ける。この日英二つの表現はさしたる不都合もなく対応しているかにみえるが、よくよく注意してみると、受ける側は、英語ではただ"Thank you"(ありがとう)とのみ言うのに、日本語では「あなたのおかげで」(Thanks to you）と表現する。もっとわかりやすくいうと、英語の場合は「私に関心をもっていただいて感謝する」と述べる。昔気質《かたぎ》のヨーロッパ人なら、あるいは「神のお恵みによりて《サンクス・トゥ・ゴッド》」とか「神に謝す《サンク・ゴッド》」とか言うかもしれない。回教徒も「アラーのおかげにて」と挨拶する。

しかし、日本語の「おかげさまで」は、これらのいずれとも完全に一線を画す表現である。というのは、「私の現在の健康はあなたさまのおかげです。あなたのお力がなければ、私のこの健康も果たして得られたかどうかわかりません」とあなたを褒めたたえ、あなたに恩義のあることを表明し、ひいてはあなたと私の密接度を非常に強調している。英語の「サンキュー」には、そういう意味は含まれていない。

　それからかなりたってからのことだが、私はこの両者の密着した関係をピタリと言い表わす日本語があることを知った。土居健郎が著書の題名《タイトル》に当てている「甘え」という言葉である。挨拶の簡単な応答にさえ日本人の甘えの構造の一端が顔をのぞかせ、日本社会における恩義の重要さがしっかり根を下ろしているということができる。これに対する「サンキュー」のそっけなさ、ここに反映される人間関係の無関心ともいえる冷静さはどうであろうか。

「ありがとう」という表現にも、日本人と恩義のかかわりの深さが塗り込められている。この言葉は「有ることが難しい」「容易に有りえない」という表現から派生しているが、「有ることが難しい」とは示唆に富む語源である。日本では恩恵と返礼の相互の恩義が重視されるが、当事者にとっては厄介な重荷でもあるだろう。そうした環境でなお恩恵が施され、返礼が行なわれれば、やはり「有り難い」ことである。

相互恩義の観念

この簡単な言葉には、社会学で後に「交換理論」と呼ばれるようになった相互恩義の理論が見事に凝縮されている。しかしアメリカ人が「サンキュー」と口にするとき、その感謝の度合い、もっと正確にいえば恩義の度合いは、「ありがとう」の場合と比較にならないほど低い。

われわれはまた、日本語を学ぶことによって、現象の世界を新たな視点から見つめる神経をも鋭くしていった。現実の世界にある対象と言葉との関係は、そもそも哲学、意味論、記号論などの学問分野に属する問題であり、この問題は非常に複雑で、これを解明することはきわめて厄介なことである。難しい論議はさておき、現実に存在する最も具体的な事物を取り上げてみても、それに対する名称がその事物のすべてを意味することはありえないことがわかる。

たとえば、「グラス」という言葉がある。すぐに液体を飲むのに用いられる特定の種類の容器を思い浮かべる。しかし現実にあるグラスは、その素材からいろいろな描写がなされるが、それだけではない。形、色、機能、寸法、相対的高さ、口径、そのほか多くの要素を基にしてさまざまに表現することができる。「グラス」という一つの言葉にこうした説明や描写が詰め込まれているわけではない。だから「グラス」というのは、ある種の飲料用容器を即座にイメージさせる記号か符号にしかすぎない。

この記号もしくは符号を与えられて大方の人が正確にその内容を理解するのは、話し手と聞き手の双方に慣習的な認識のパターンが共有されているからである。したがって、ある事物に対してこの認識の方法が絶対ということはありえない。むしろ同一物でも他の属性に着目し、その観点から符号化を行なうということは、容易に考えられることである。

機能か形態か

「水入れ」「水差し」という言葉に出会ったとき、私は小さくひらめくものを感じた。この表現は水に入れておく器具の機能を述べている。「水入れ」「水差し」に当たる英語は「ジャグ（ジョッキ）」「ユーア」「ポット」であるが、これらはいずれも形態の面から命名が行なわれている。オックスフォードの辞典は次のように定義する。——ポットとは「通常陶製あるいは金属製の比較的深みのある筒状もしくは丸みのある容器」で、ジャグとは「通常筒状あるいはふくらみのある、あるいは上部に先細の首をもつ深い容器」である。

いま、仮に英語国民に「水入れ」「水差し」の直訳語である「ウォーター・コンテナー（水の容器）」「他に水を注ぐ物」という語を与えても、果たして「ジャグ」や「ポット」

を思い浮かべてくれるかどうか疑問である。そこで、われわれはすぐ、英語と日本語では同一物を指す言葉でも同じ視点から命名されているわけではないこと、かならずしも同一の側面を強調するものではないこと、を具体的に納得することができるのである。

道路標識からも、恰好の例を拾うことができる。日本の道路をドライブしているとき、「段差あり」という標識に出会う。路面に高低ありの意味である。英語ではこの状況は「バンプ（ガクンと揺れる）」と説明される。明らかに異なる発想から生まれている。日本語の「段差」が路面の高低という物理的特徴を指しての命名なら、英語の「バンプ」はそこを通過すればガクンと揺れますよと、ドライバーの身体の感覚に焦点を当てている。

また日本語では、車輪の付いた乗り物のことを「車」という。自動車には確かに四つの車が付いているわけで、明確な事実の表明といえよう。英語では「ヴィーヒクル」（乗り物）という。ここには人や物を運ぶという機能に着目した姿勢が見てとれる。

「渋い」の世界

さらに、日本語学習を通じて、私は（多くの仲間もそうであったと思うのだが）、現象の世界というのは結局切れ目のない連続体であり、包丁さばきひとつでいかようにも切りきざむことができるという見方を知った。

たとえば、「渋い」という言葉がある。この言葉が符号として表象するある特定の世界は非常に多面的であり、さまざまな要素の集合体あるいは連続体として存在する。「渋い」世界を英語国民が感知できないわけではない。この世界を一語で包括する言葉をもたないだけのことである。

したがって、英語国民が「渋い」に凝縮されている世界を説明しようとすると、十指に余る単語が必要となる。ここに動員された言葉ひとつひとつの背後にやはり切れ目のない連続した現象がはり付いているので、都合のよい部分を切り取って、「渋い」という言葉がもつ属性の一つに照合させることとなる。たとえば渋い世界とは、「簡素」で「無駄のない」「控え目」で「地味な」「抑制のきいた」「美しい」世界である、とでもいえるだろうか。

こうした日英両語の事象や現象のとらえ方の差は、詩の分野、社会の諸領域、美的世界等々あらゆるところに及んでいる。この差異に基づく新しい世界、新しい体験にわれわれをいざなうのは、「わび」や「さび」だけではない。「同輩」「後輩」「先輩」という日常的な言葉にも、英語国民は独自の世界をみる。後輩や先輩といった関係を、われわれがもたないわけではない。しかし、その関係のありようは日本の場合と性格を大きく異にする。アメリカの大学生も、大学を出ていった先輩を「オールド・グラッド（卒業生）」と呼び、ある種の敬意を示す。しかし、日本語の「先輩」に込められた恩義、畏敬、絶対服従のニュアンスはない。「オールド・グラッド」と「先輩」のあいだには重なる部分もあるが、交わらない要素も多々あるのである。

以上みてきたように、日本語には一つの英単語でその内容をカバーし切れない言葉がいくつも存在する。同様に、英語にも日本語の単語一つでは言い表わせない内容をもつものがある。

フラストレーション考

一例を紹介しよう。「フラストレーション」である。この言葉が顔を出す英文を日本語にしようとすると、文脈から推し量って、「挫折感」「失敗」「焦燥」「頓挫」「失望」などのうちから最適のものを選び、当てはめることになる。実はこれらの言葉は、それぞれ「フラストレーション」に内包されたさまざまな局面の一部をとらえたものである。英語にはこれらの局面すべてを収めた言葉があるが、日本語にはない。それゆえ、連続体である「フラストレーション」の実体にハサミを入れ、分化させたうえで見合う言葉を当てることになる。「フラストレーション」の内容全体を包括する言葉がないから日本人は「フラストレーション」を知らない、あるいは経験したことがないといえるだろうか？　明らかにノーである。ただ、その体験を表現する言語上の様態が、英語の場合と異なるだけのことである。

日本語の過去形がもつ意味について、すでに「畏まりました」を例に私の考えを述べた。

しかし、日本語の学習を深めるにつれて、日英両語で時制《テンス》が異なるのは時の流れに対する観念が異なるからだろうかと考えるようになった。しかしながら、英語にしろその他のヨーロッパ語にしろ、時制に厳密な一貫性をもたせているわけではないという事実に気づいたとき、この仮説には自信が薄れていった。過去、現在、未来を分けるといっても、元来その境界はあやふやであり、恣意的なものである。時の流れに便宜上ナイフを入れるのである。言語間で差異が生まれるのも、考えてみれば当然ではないかと思うようになった。

現在を「今この時」と解釈するとしても、では「今この時」とは何を指すのか？　百万分の一秒のことか？　あるいは一秒なのか、一分なのか、きょうなのか、きょうの午後なのか？　今を中心とするしばらくの時間なのか、読者がこの一節を読了するのに要する時間なのか、歴史のうえで現在と称する期間のことか？　あるいはある思考、ある行為、ある感情が持続する一定時間のことだろうか？　一瞬一瞬、未来は現在へ、現在は過去へと流れているなかで、ある行為、ある体験の全体が、心理的には同一時間内に起こったこととして感覚されるのである。

過去・現在・未来形

すると、それぞれの言語は文法的カテゴリーとして現在、過去、未来をどのように分けているのだろうかという疑問が浮かんできた。日本語では、いわゆる過去形は是認を示し、肯定を表わしている。断固として是認するからこそ、しばしば行動が完了したことを意味することになる。「畏まりました」「ありがとうございました」の場合、強い是認の気持ちがあるからこそ丁寧な表現、より恭しい表現になるのである。次のような例もある。

「こうしてやらなきゃ駄目だよ」

「わかった、わかった」

「わかった、わかった」といっても、過去において理解したということではない。完全に理解していると強く主張しているわけである。これ以上の助言を拒否していると受け取ってもよいだろう。

「午後六時に開館式終わる」という文章がある。ジョージ・サンソム卿が指摘するとおり、時制的には文脈によりどのようにも解釈することができる。すなわち、「開館式は六時に終わる」と現在形の意味をもつだけでなく、「六時に終わった」あるいは「六時に終わるだろう、終わるはずだ」という具合に、過去にも未来にも受け取れるのである。

最近、私は松本清張の『恐喝者』という小説を読んだが、そのなかで彼は主人公を次のように描写している――「×は、夢中で泥流に飛び込んだ」。描写は過去形で始まりながら、次の文ですぐ現在形に切り替えられる――「彼は漁師のせがれだ。泳ぎに自信がある」。しかし、再び転換が行なわれる――「逃げるつもりはなかったが……」。ここでは、同じ時間的枠組のなかで現在形と過去形が入り乱れて使われている。明らかに、時制が時間的区分を示すこと以外の目的に使われているのである。

「アメリカに行くとき船で行った」という文章にも、一考を要する部分がある。この文型に属する文章は日常ごく普通に使われているが、「アメリカに行くとき」の行くは形のうえでは現在形（正確には「結果の限定詞」）であっても、内容的には明らかに過去の事実を指している。時制は全体の文脈によって示されており、特定の動詞形（時制の活用）によって指示されているわけではない。

同様の問題は、未来形についても当てはまる。そもそも未来というのは、いま現在の一瞬のもう一瞬先において始まるのだろうか、あるいはもっと先で始まるのだろうか……？日本語でも、英語でも、「きょう芝居を観にゆく」"I am going to the theater tonight"と表現する。傍点・アンダーラインのように現在形が利用されるものの、実際に行為がなされるのは未来においてである。これはどういうことなのだろう。未来について話し手が確信をもっている結果なのだろうか。未来は必ず訪れるという保証があるのだろうか。

また、「将来就職したとき……」という言い方がある。過去形を使いながら、未来を述べている。これはどう解釈すべきなのだろう。英語でも"when I will have found a job…"と完了形を用いはするが、それでもwillという助動詞を忘れず、きちんと未来の出来事であることを示している。

「日本の未来はない」

陸軍日本語学校で盛んに交わされたジョークがある。――「日本語には過去と現在はあるが、未来はない」。これは日本語における時制のあり方をついたジョークであったが、戦争中という時節柄、しばしば「日本の未来はない」と解された。しかし文法に関するかぎり、この指摘はある意味では真実だといえよう。

現代の日本語では、「書く」「書いています」と表現して現在の動作を示し、「書いた」「書きました」といって過去の事態を示す。しかし未来を示すには、「書くだろう」「書きましょう」という言い方をしなければならない。「だろう」は未来における不確定な行為を表わしている。未来のことはよくわからないが、可能性としてはあると考えられる、というものである。「おそらく書くことになるでしょう」ということである。「書きましょう」という形は、催促あるいは奨励の性格をもち、未来を現実化する人間意志の必要性を示している。

しかし、このことは英語についてもいえることである。未来文型を書こうとすると助動詞の will あるいは shall が必要であり、"I will write" "I shall write" のように表現する。shall will は、未来の事態を必ず手中にするという人間の意志あるいは決意を含んでいる。

は義務の念を示す。「なされなければならぬ」というわけである。スペイン語、フランス語、イタリア語が動詞の活用変化のなかに未来の言い方を含んでいるのに対し、日本語も英語も（そしてドイツ語も）補助的な品詞を付加しなければ未来形は成立しない。

これら二つのグループの文法的差異は、それがどの程度知覚され理解されていたかは別として、未来をみる目の違い、すなわち未来を実際的にあるいは哲学的にどうみるか、その発想の違いに基づくものである。未来時制の成り立ち（正確には未来を表わす形式）において日本語と英語のあいだに類似が観察されるとはいえ、時間の区切り方という点では大きな相違をみせる。英語の文章は過去、現在、未来の分け方をはっきりさせなければならないから、どのような文型もこの枠組のなかでたいていは説明がつく。日本語の場合それほど単純でないのは、これまで述べてきたとおりである。改めて「畏まりました」を持ち出す必要はあるまい。しかし日本語も、明治以来、わけても第二次世界大戦以降、西欧の文化や言語という大波に洗われ、時制の使い方も徐々に西欧型に近づきつつあるようだ。

日本語の奥深く

さらに複雑な表現へ

陸軍日本語学校の学習もさらに進み、複雑な表現や抽象的概念を扱ったりするようになると、日本語と英語の亀裂はさらに深いものとなった。むしろ、一つの単語を別の言語の単語に単純に置き換えうると考えるほうがおかしいのではないか。一つの言語と別の言語とのあいだで単語を置き換えることは、厳密にいえば不可能といってよいかもしれない。抽象的概念を表わす言葉にかぎらず、具体的な物を表わす単語ですら、連続的実体の一部を示すにとどまっている。それぞれの言葉が背景と個性、特殊性を抱えているからである。

ある言葉の意味を仮に一つの円として視覚化してみよう。広い意味をもつ大きい円もあれば、狭い意味しかもたない小さい円もある。英語の単語でも日本語の単語でも、この点で変わるところはない。しかし、英語と日本語のかかわりという点からみると、日本語の単語の意味をカバーする円と英語の円がうまく重ならないという問題が出てくる。

特定の事象を指示する言葉とか、厳密な定義が行なわれている数学用語、科学技術用語などは別にして、いずれの言語の場合にも、大部分の言葉が意味の中核を成す芯の部分と、周辺の灰色をした陰の部分とがある。この灰色部分は感覚的にも、情緒的にも、意味のうえでも、希薄な部分であり、広い場合もあれば狭い場合もある。

歴史的に結び付きの強い言語、ギリシア語やラテン語の影響を受けただけでなく同時に相互の交流をもつヨーロッパ語のように、兄弟姉妹の関係を保ちつつ発展してきた言語同士の場合、意味の円もまずまずうまく重なり合う。しかし、歴史の共有も相互の交流も非常に薄い言語同士となると、当然のことながら、芯の部分も灰色部分も大きくずれてしまうのである。

実は、強い結び付きをもつヨーロッパ語同士でも、驚くほどのずれを呈する場合がある。ポルトガル語に「サウダーデ」という言葉があるが、ポルトガル人はこの語を英語一語に置き換えることは不可能だといっている。この語と重なり合う円が英語にないということである。周辺の情緒とかかわる部分が特に微妙で、「サウダーデ」には「郷愁」「ホームシック」「憧憬」などの意味に「愛」の概念を加味したニュアンスがある。「哀れ」の言うにいわれぬエッセンスを含む名詞とも表現できよう。

同じように、スペイン語の「シンパティコ」は英語の「シンパシー（同情、思いやり）」と語源を同じくするにもかかわらず、事実、芯の部分は辛うじて重なり合うが、周辺部分は見事なほど彩りを異にしている。

東西に大きく離れた日本語と英語のことである。英単語の円と日本語の円を重ね合わせようとする試みが、至難を極めるのも当然であろう。一語の日本語に数倍の英語を要するケース、その逆のケース、並べたてたらきりがない。陸軍日本語学校の研修生は、「こころ」という言葉に出会って首をひねった。ラフカディオ・ハーンも、この言葉の理解に数年を要している。著作の一つに「こころ」という題名を与えているほどである。しかし、ついにハーンは「事物の中心《シングズ・ハート》」というどんぴしゃりの定義を下した。見事である。陸軍日本語学校在学中の私は、このことを知らなかった。ハーンの本を読んでいなかった。「こころ」が意味する範囲は非常に広く、英語の多くの言葉と交錯していた。――「ハート」

「マインド」「ソウル」「スピリット」等々。

こころとマインド

「こころ」は本来、人間の心臓を意味したが、心臓と精神の結び付きに従い、人間の精神にまつわるもろもろの属性を表わす言葉へと転化していった。逆に日本人にとって厄介な英語に、「マインド」がある。本来は、人間の知的作用を司る器官を意味する言葉である。日本語から「マインド」に近い言葉を探すとすれば、「こころ」あるいは「肚《はら》」であろう。だが、決してそれだけではない。この言葉のもつ側面を日本語の名詞および動詞から拾ってみると一三三ページの表のようになるが、これですべてでないことをお断りしておく。

同様に、日本語の「こころ」を英語で説明するとなると、たくさんの単語を動員しなければならない。mind, spirit, mentality, soul, idea, thought, feeling, will, intention, design, inclination, fancy, taste, mood, humor, frames of mind, head, suspicion 等々である。

陸軍日本語学校においても、「こころ」と heart がまったくの同義語ではないことが理解されてきた。heart で置き換えてうまく収まる場合もあるが、同じ「こころ」という言葉を使っていながら heart では意味をなさないケースも多々発見された。同じく mind と も近いが、やはりこの言葉でもカバーしきれない部分があった。「こころ」と mind および heart の関係を図示すると、だいたい一三四ページの上の図のようになる。斜線部分が

〔名　詞〕		〔動　詞〕	
こころ	気立て	気をつける	肚を決める
肚	好み	注意する	留意する
知力	思考	配慮する	従う
冷静	希望	考慮する	～に構う
頭脳	記憶	警戒する	わずらわされる
頭	注意	心配する	反感をもつ
正気	意識	大事にする	いやがる
精気	考え	嫌に思う	用心する
意見	意図	不便を感じる	危惧する
精神	気	服従する	～の気がする
気分	回想	言うことをきく	反対する
気持ち	感情	思い出す	～の世話をする
		意識する	

意味を共有する部分である。

先にmindを表わすのに多くの日本語を動員しなければならないことを述べたが、これも簡略化して図示すると、一三四ページ下図のような形になる。

日本語、英語それぞれについて、大なり小なりこうした関係が成立する。言葉と言葉がぴったりと重なり合わず、複雑な内容をもつ言葉についてはひとつひとつ丁寧に内容を解明し、それぞれの要素をほかの言葉で照応させる必要があるということである。

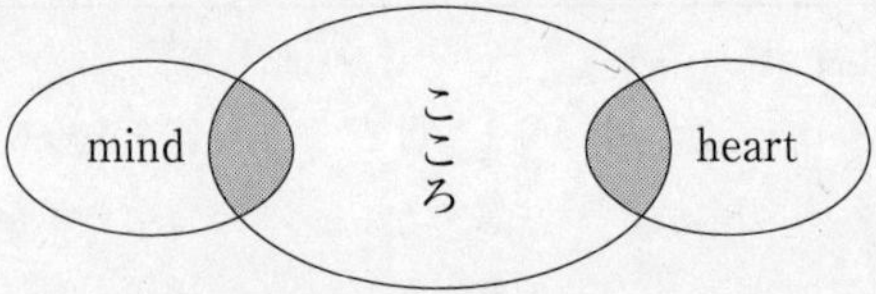

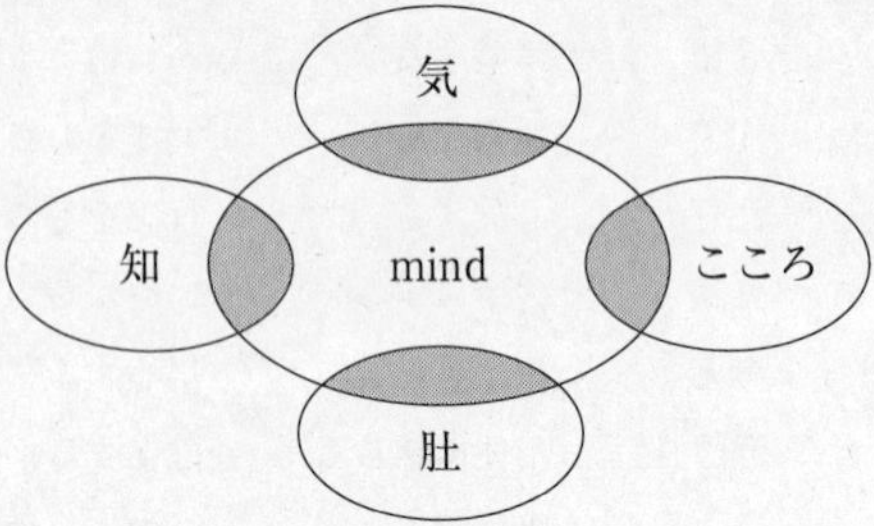

漢字との出会い

しかし、まったく異質の経験だと実感したのは、漢字との出会いであった。問題は漢字そのものではなかった。中国人も漢字を用いているし、日本の漢字もその源流は中国にあった。しかし私にいわせれば、日本での漢字の使い方と中国での使い方とでは、大きな開きがある。

中国語の漢字には、一文字につき一つの音しかない（少なくとも一方言については一文字一音である）。すなわち、一語一義である。ところが日本語は、中国語を歴史の流れという大きな領域で受け入れてきた。各時代における差異を丸ごと受け入れたために、日本の漢字はたいてい一字につき二つ以上の音、二つ以上の意味をもつこととなった。たとえば、「生」の字をみてみよう。主要な意味は「生命」「生きること」などであるが、その読み方は二〇とおり以上にも及ぶ。そのうえ意味を細かく検討すると、日本語で都合よく適合する意味が長々と付いている。英語やそのほかの言語ではとてもかなわない広さである。

その結果どういうことになるかというと、同時にいくつもの異なるレベルで当該の字を読み、発音を聞くという、英語などの非表意文字を用いる者にとってはまったく途方もない事態が起こってくる。日本人は一つの漢字を見ると、自動的にその漢字がもっている一連の読み方を思い浮かべ、同時にその含む意味をも思い浮かべる。またある漢字の音を耳にすると、同じ発音の漢字をあっという間にいくつも連想する。そして、必要に応じて瞬間的に目的の語を拾い出すのである。言葉に対し、ニュアンスに対し、選択の可能性に対し、日本人の頭は実に敏感に、柔軟に反応する。

たとえば、「正道」という名前を考えてみよう。「まさみち」と読む場合も「せいどう」と読む場合もあるであろう。しかし大多数の日本人にとって、紛れもない同一の言葉なのである。耳が「まさみち」と聞いても、彼らの心の耳は「せいどう」と聞き、「正道」の字を即座に拾い出す。名刺交換の際によく見受けられる光景であるが、どうとも読める名前を目にすると、受け取ったほうは適当に「まさみちさん、ですか？」と尋ねる。相手は即座に「はい、せいどうです」と応じ、談話の流れに合わせてゆく。

「まさみち」と「せいどう」がまったく同一に聞こえるということは、アメリカ人の思考法や論理を完全に破壊するものである。しかし日本語の世界では、ごく普通の〝常識〟である。「生」という字を見れば、即座に「せい」「しょう」「じょう」「いきる」「いける」「なま」「うむ」などという読み方が頭に浮かび、いくつもの熟語が思い出される。それぞれの熟語には、当然それなりの意味が含まれている。日本語のわずか一語、わずか一字が、連想という観点からみると非常に豊かなものをもっていることが理解される。日本語の漢字はそれぞれに振動し、周囲に波紋を広げているかにみえる。波紋は交錯し合い、共振し合い、複雑化し、変幻自在な彩りをみせる。他の言葉には思いも及ばない世界が現出するのである。

語呂合わせとしゃれ

漢字にみるこうした日本語の特殊性は、語呂合わせやしゃれの創作に威力を発揮するだけでなく、懸詞《かけことば》のような詩歌作成上の独特の武器とさえなるのである。懸詞の技法というのは、他の言語では真似のしようのない言語操作技術である。ある意味では、われわれはみな自分たちの言語、その構文、独特の枠組に押さえ付けられた捕らわれた人である。しかし人間には、その〝檻〟を逆用してレベルの高い文芸上、美学上の道具を生み出す知恵がある。ただしその成果を味わうことができるのは、同じ言語を共有する者だけである。

たとえば、日本人は英語を学ばないかぎり、英詩における韻律の面白さを理解することは不可能であろう。日本語は押韻には適さない言語だからである。同じように、英語国民は懸詞を鑑賞し、その世界を楽しむことはできない。「目」と「耳」の関係、あるいは意味を異にする言葉のつながりを意外な形で結び付け別の言葉に移し替えることなど、本来不可能なことなのである。

しかし、別な言語を学び、その言語に根ざす言葉同士の特異な結び付きやその面白さを知るということは、まったく新しい経験でもある。陸軍日本語学校の研修生も、やがてその新しい言葉遊びを楽しむようになる。稚拙ではあったが、次のようなしゃれをものにしたのである。

「どうですか?」

「いいえ、鉄です」

幼稚なしゃれではあったが、われわれが二つの異なるレベルで見ることと聞くことの結び付きをある程度理解しはじめたことを示していた。だから私は、自分たちの日本語の勉強も新しい段階に入ったと、このしゃれの出現を高く評価したのであった。

漢字学習は、ほとんど毎日、クラスの誰かにこうした新しい経験をもたらした。「漢字の勉強というのは、あのころの私になんともいえない刺激を与えてくれた」と当時のことを述懐するのは、今日立派なビジネスマンとして成功しているある学友である。彼は言った。

「あれから三〇年以上になるが、修得した漢字の数が増えていくたびに経験したあのわくわくするような興奮は、いまでも鮮やかに思い出すことができるよ……」

アーガイル公の煎じ薬

ジョンズ・ホプキンズ大学の高名な古典文学教授であり、ギリシア゠ラテン文学の翻訳者、古典文学の世界的な権威でもあるウィリアム・アロースミスは当時十八歳、A中隊でも最年少の一人であった。しかしすでに、後生おそるべき人物と思われていた。十六、七歳にして当時評判の文学評論誌『キメラ』（戦後『ハドソン・レヴュー』と改題）の創刊に馳せ参じ、自分でも多くの出版物を発表していた。詩もあれば、文学批評やギリシア゠ラテン文学の翻訳もあった。多くの権威ある古典文学者や作家と交遊があったが、二十歳にもならぬ若さでそうした人びとと知己になりえたことは稀有のことであった。

しかし、日本語については、彼はそれほど関心を抱いてはいなかった。エール大学陸軍専門訓練隊の日本語部門に選ばれて参加していた関係から、また彼の外国語に対する並々ならぬ感覚から、われわれと机を並べることになったのだが、日本語をそれほど高くは評価していなかった。「あまり面白い言葉じゃないな」とよく言っていた。しかし、知的パズルといった趣をもつ漢字に対しては、別の考えをもっていたようである。そのアロースミスが、ある日いかにもうれしげな顔で声をかけてきた。——「(スコットランドの)アーガイル公が飲んでいた煎じ薬の漢字が日本で使われてるなんて、想像できるかい?」

当時、われわれのバイブルだったローズ゠イネスの「杞」の項に、そのような解説が載っていたのである。それ以来何年か、私は「杞」とはどんな植物なのか盛んに想像を巡らしつづけていた。

とにもかくにも、これでもかこれでもかと押し寄せてくる漢字の波をうまくさばき、これを的確にわがものとする作業は、忍耐のいる修業であった。先輩たちは「苦しいのは初めの一〇〇〇字だ。あとは比較的楽になる」と力づけてくれたが、確かにこれは当たっていたように思う。一定の期間を経過すると、「偏《へん》」と「旁《つくり》」のパターンがわかるようになったし、日本の事情、日本人の発想の仕方にも明るくなってきた。時には意味はわからなくてもその読み方は連想できた。逆に読み方はわからないが、意味が推量できる場合もあった。こうした推量が的中すると、当然励みになり、自信がつく。漢字の学習が楽しみになり、その修得も早くなるのである。

日本語と義務感

私の前にはどんどん明るい世界が開けていった。と同時に、わからないこと、不思議なことも遠慮なく襲ってきた。私も負けずにその説明を自らに求めた。たとえば、「なければならない」がその一つであった。"If you don't do it, it will be bad"（それをやらないといけない）という文章があった。私はすぐに、同じ状況下で使われる英語の単語をあれこれと思い出してみた。must, should, ought to, have to などがあった。しかし、通常の日本語の場合、これらの言葉に含まれている強い義務・強制の表現は用いられない。「そうしないとまずいよ」ともの柔らかに迫るだけである。この差は何を意味するのだろうか？同じ状況を前にして、一方は頭から強く迫り、他方は知らぬ顔の半兵衛を決め込むような生温かさである。

英語以外のヨーロッパ語における強制表現も考えてみた。日本語では「はず」「べき」「行くんだよ」などと言うが、どのヨーロッパ語に比べても強制の度合いは弱いようだ。個人の責任感にゆだねる部分が大きかった。

ところが、日本に対するわれわれのステレオタイプのイメージは、日本は階級社会であり、社会通念や規範が絶対的な強制力をもっており、平等主義や個人主義を旨とする西欧とは異質の社会、個人の判断より社会の規範が優先する社会、というものであり、先の解釈は宙ぶらりんになってしまう。したがって、"I have to do"（フランス語では"J'ai à faire"、スペイン語では"tengo que hacer"）といった構文も大いに見直す必要があるのではないかと思うようになった。つまり、義務感というものが個人に内在するのではなく、社会的なしがらみから生まれるとする日本人に対する認識とは対照的に、義務感が個人のうちに深く内在しているのではないのだろうか？

日本語についてさまざまなことを書き連ねてきたが、私の意図は、疑問に対してぴったりした解答をことごとく見つけたといいたいわけではない。日本語を学習する過程において、私の、そしておそらく多くの学友の心のなかに生じた興味深い疑問のいくつかを提起したいと思ったにすぎないのである。

大詰め——卒業と終戦

フリー・トーキング

一年間の日本語学習も終わり近くなると、ひとりひとりのペースは違ってはいたが、腕前はかなりのところまで進んだ。連日行なわれる書き取りは多くの研修生にとって相変わらず恐怖であったが、基本漢字一〇〇〇字をマスターしたころから入学当初の心理的苦痛も消えていった。

二、三の教師が、私のところに来ては話していくようになっていた。一対一で日本語を練習するという形は、教師や大勢の仲間といっしょに勉強するのとは違った重みをもっていた。私は教師たちの心遣いをありがたいと思った。私自身は教師と学生という枠を忠実に守り、教室の外では個人的には付き合わないよう心がけていたにもかかわらず、教師のほうから近づいてきてくれたのである。そのうえ明らかに、私の力になろうとしているのがわかった。彼らは、私の社会科学者としての素養を生かすために、日本の社会科学関係の専門書を読むように勧め、その分野の語彙を増やすように励ましてくれた。つとめて時事問題を話題にするようにしてくれ、そうしながら私がいろいろ学べるように仕向けてくれた。

研修生同士でもよく日本語で話し合い、研鑽に努めた。日本語との付き合いも長くないのに、いくぶんかはすっかり身に付いている部分もあって、自然に口をついて出ることも少なくなかった。教室でのディスカッションも大いに効果を上げたが、一部の貪欲な研修生にとってはすでにもの足りなくなっていた。

そこでわれわれは、気の合った者同士が集まって日本語をしゃべり、教室で欠けた部分を補った。ある意味で、日本語は知的好奇心を満たしてくれる高級な玩具であった。しかし、集中的に学んでいたにもかかわらず、日本語は多くの研修生にとって依然として抽象的存在だったのではないかと思う。日本生まれや太平洋で日本軍と戦った軍人は別として、われわれにとって日本は敵国ではなく、信じられないことではあるが、この日本語を実際に使って生活する人びとが住むはるかなる遠方の島国であった。

周囲に聞かれるとまずいような話の場合、われわれは必ず日本語を使って話した。日本語のわかるアメリカ人などそうザラにいないのを確信していたからである。フォート・マクレランドでもそうだった。われわれはミシガンでの一年にわたる研修を終え、二カ月の軍事教練を受けるためにフォート・マクレランドへ行った。このあと再びフォート・スネリングで六カ月の最終的な語学教育を受けたわけであるが、このフォート・マクレランドで訓練下士官に聞かれるのがいやさに、研修生は盛んに日本語を利用した。向こうは向こうでわれわれを嫌っていた。頭でっかちの青二才とあなどり、どうみても軍隊とは似つかわしくないわれわれを嫌悪していた。

帝国陸・海軍軍歌

われわれは連中に当てつけて、よく大日本帝国陸・海軍の軍歌をがなり立てた。分列行進にあたってこれをやるのだ。すでに述べたように、研修生の多くにとって〝日本〟は依然として抽象的存在であり、敵国という感じがあまりしなかった。そういうわけで、敵味方がバタバタ死んでいる戦争のさなかに、完全武装の米陸軍一個中隊が歌うのである。

見よ東海の空あけて

旭日《きょくじつ》高く　輝やけば
天地の正気　潑剌《はつらつ》と
希望は躍る　大八洲《おおやしま》

まったく驚くべき光景であった。しかし訓練下士官は、これにどう対処したものかとウロウロするばかりであった。われわれが愛唱したのは、お馴染《なじ》みの出来合いの曲ばかりではない。堂々のオリジナル曲もあった。初級会話の授業で習ったセンテンスを適当に継ぎ合わせ、「二人のためにバンガローを建てよう。竹林の中に」の曲に合わせて合唱した。

ワカリマスカ?
ワカリマス
合ッテイマスカ?
合ッテイマス
料理屋デビールヲ飲ミマスカ?
ビールヲ飲ム
ビールヲ飲ミマス
ビールヲ飲ム

ビールヲ飲ミマス
速イ、速イ、速イ、アヤイ、ヤイ……
ワタクシト一緒ニ
飲ミニ行キマショウ
酔ッ払イニナリマショウ
ワタクシト一緒ニ、飲ミニ
酔ッ払イニナリマス
モウ一度……
ワカリマスカ?

訓練下士官は、日本の軍歌を歌うのは反逆罪に相当するのではないかと疑ったようだが、われわれはこれ見よがしに歌いつづけた。結局、訓練下士官の連中もあきらめざるをえなくなった。しかし、連中がどうにも納得できないことがあった。イメージに描いていた模範兵士像から、われわれはあまりにかけ離れていた。それは、教練のさなかにも続けられる日本語学習であった。日本語を学ぶということが問題なのではなく、われわれが何かを勉強するということが、連中にとってはどうにも理解しかねることだったのである。われわれがどうしようもない集団だという彼らの疑惑は、これで確固としたものになった。一〇分の休憩時間にも尻ポケットからゾロゾロ漢字カードが引き出され、御詠歌のような低いつぶやきが中隊全体を覆うと、彼らは呆気にとられていた。彼らの顔つきがそれを物語っていた。

アメリカには日本語のわかる者はほかにはいないという気軽さから、われわれは人前でも無造作に日本語を使い、あけすけに意思の疎通を計っていた。しかし、その後東京の通りでも、われ知らずこれをやってしまったのに気づき愕然としたことがある。にわかに、日本語の意味するところが実感として迫ってきた。日本語は古代ギリシア語やラテン語とは異なり、人間の生活と結び付いた生きた言語であった。もはやアメリカの特権的中隊のみが専有する隠語的符牒ではなかった。

卒業

私は、ドンジリのクラスからトップのクラスに昇り詰め、そのまま卒業を迎えた。そのクラスには七人の級友がいた。そのうち三人は、日本語に関しては名手中の名手であったにもかかわらず、終戦とともに除隊し、日本語と深いかかわりをもつことは二度となかった。残り四人のうち、一人はロバート・スポールディング。彼は現在、歴史学教授としてミシガン大学で教壇に立っている。大日本帝国の高等文官試験に関する著作があり、この分野における英語文献としては極めつきとされる名著である。二人目はジョン・シュワード。常に活力をみなぎらせたテキサス出身の男で、日本女性を相手に何度か結婚と離婚を繰り返している。相手の一人はモデルであった。政府職員からビジネス界へ、そして著作家へと、なかなか華麗な転身を重ねている。小説を含め何冊かの日本に関する著作があり、名の売れたライターとなっている。そして、現在アーコ化学ジャパンの社長を務めるウィリアム・ダイザー。彼の修士論文は「博多俄《にわか》」に関するものであった。日本人を妻に迎え、東京に腰を据えている。

日本に行かなかった三人も、それぞれ独自の道で活躍している。当時すでに音楽家としてあふれんばかりの才能を示していたワイリー・ヒッチコックは、やはり生涯の道を音楽に見出した。陸軍除隊後ミシガン大学に戻ったこの逸材は、さらに精進を続け、教授から音楽学部長となり、現在はニューヨーク州ハンター・カレッジの教授を務めている。サム・サラトは、家業の家具製造会社を継いでいる。ディック・トーマスは、ワシントンのコンピューター会社に勤めている。ディックというと、決まって粋にジョージ・ガーシュインを弾いていた彼の姿を思い出す。

一九四五年五月二十六日、卒業式がやってきた。ミシガン大学ラカム・レクチャー・ホールで式が挙行され、慣例に従って成績優秀者に各賞が授与された。教授特別賞がヒッチコック、スポールディング、トーマスの三人に贈られたが、このうち将来日本とかかわりをもつようになったのは一人だけである。九人に優等賞が授与された。そのうち四人が日本に渡り、苦労して修得した日本語を仕事に生かした。一人が卒業後数カ月で自殺、一人が除隊して家業を継いだ。残り三人については、現在、消息がわかっていない。

最後の賞は私に与えられた。卒業式を特集した『ミシガン・デイリー』特別版（一九四五年五月二十六日号）は、次のようにして記している。――「昨年五月初級者のクラスに編入されながら、最優秀クラスにまで昇り詰めたハーバート・パッシンは、最も進歩著しい学生と認められ、賞を授与された」。

しかし私自身は、どうもピンとこない。果たしてこれを誇りにしてよいものかどうか、首をひねったものである。私の上達が人並み以上であったとしての賞賛なのであろうか、はたまた三流クラスからなんとか上がってきたんだ、頑張れの声の一つもかけてやろうか――こういう気持ちの表われだったのだろうか。少なからずそのような迷いがあったために、私はこの賞を複雑な気持ちで受けたのである。

戦争終結

太平洋戦争は、われわれがフォート・マクレランドでしごかれているとき、血塗られた幕を下ろした。

アラバマ州モリスビル近くの荒野に入って二日目、広島に原子爆弾が落とされたというニュースが、中隊を風のように通り抜けた。それは、電撃のようなショックをもたらした。

世界が一変したように感じられた。原爆の投下は、戦争終結が目前に迫っていることを示していた。われわれの任務はどうなるのだろう、という疑問が頭をもたげてきた。目標がにわかに色あせ、自分たちが苦労して推し進めていることの存在理由が怪しくなってきた。

他方、誰もが日本の敗北を切望し、そのためにこそ力を尽くし励んできたにもかかわらず、原爆投下というのはどこか間違っているようにも思われた。太平洋戦線に従軍したことのある大隊長の一人は、顔を紅潮させ、喜色満面にまくし立てた。――「やつら、まだまだへこたれないほうがいいんだ。そうすりゃ、これからいくらでも原爆が落とせる。あの島がなくなるまでやりゃいい、皆殺しだ！」

われわれの仲間にも、この心情に賛同する者がいた。彼らの顔は明るく輝いていた。しかしほかの者は、むっつりと押し黙ったままであった。――日本が負けるのはいい。原爆もおそらく使わざるをえなくて使ったのだろう。しかし、それにしても……。一瞬前まで黒白がはっきりしていた倫理、道徳が、にわかに陰鬱な灰色へと暗転した。

その一〇日後、砲声がやんだ。終戦の知らせはやはりわれわれを興奮させたものの、どこか白々しい部分があった。先行きがわからないという不安もあった。戦争が終わってしまって、この語学研修プログラムはどこへいくのだろう。いつ陸軍から解放されるのだろう。こういう状態のなかで、勉強を続ける意味があるのだろうか……。解答のない、いくつもの疑問が立ち現われてきた。

フォート・スネリング――最後の研修

一六五人のA中隊はフォート・スネリングに入り、日本語研修最後のコースを開始した。しかし一、二カ月が経過するうちに、陸軍を除隊する者が相次ぎ、およそ半数の研修生は別れを告げていった。残りの半数が、授業を続行し、引き続いて占領下の日本で軍務に就こうと決意していた。

フォート・スネリングにおける卒業と士官への任官は、一九四五年十二月七日に行なわれた。太平洋戦争勃発からちょうど四年の歳月が流れていた。ミシガンで日本語を相手に悪戦苦闘した仲間、日本語戦争における戦友は、このとき将校、下士官を含めて八三人になっていた。七人の二世も、われわれとともに将校に任官した。将校の制服用に軍から二五〇ドルが支給されたが、私はうっかりしていて将校服を注文する時期を失してしまった。要領のよい仲間の一人が調達してくれたが、これがひどい代物で、私の身体にまったく合わなかった。私は面白くない気持ちで将校としての第一日目を迎えたが、それでも両肩の金筋を見ると、心がなごんだ。

それから間もなく、われわれは新たに命じられた任務を遂行することになった。任地は、太平洋戦線ではなく、占領下の日本であった。

第4章　日本の土を踏む

墨絵の世界

　ワシントン州シアトルで上船して一四日後、われわれを乗せた輸送船ゼネラル・スチュアート号は日本の水域に達した。早朝五時半ごろ、日本に近づいたことが初めて知らされたのである。間もなく、房総半島と三浦半島が視界に入ってきた。われわれ言語将校は、甲板の手すり近くにじっと立ち尽くしていた。東京湾を目指すわれわれの左手に大島が見え、すぐ館山が目に入ってきた。しかし、一望を願っていた富士山は、濃い霧のため見えなかった。左側の三浦半島の先端を通過すると、横須賀の海軍基地が見えた。船はすでに東京湾に入っていた。

　一四日間の海上生活で唯一行き会ったのは、船一隻だけであった。東京湾に入ると、周囲の海にはたちまち活気がみなぎってきた。艦艇は威風堂々と水路を航行し、「鋼鉄の物見」のように巨大な灰色の軍艦が艦首と砲を突き出し、射程距離にあるものすべてを睥睨《へいげい》していた。小艇や水雷艇も競うように出入りしている。どこもかしこも、GIたちの勝利の雄叫び、〝キルロイ、ここにあり〟という言葉がペンキで書かれていた。

その日は、一日中もやがかかり、房総半島はまるで墨絵のようであった。日記を繰ってみると、私の第一印象はこう記されている。

海から切り立った岬は、端から端まで厚い霧に覆われて神秘に満ちていた。巨大な霧のベールが海から山々の上を漂い流れるさまは、猫が尻を海に浸し、切り立った海岸線の彼方の谷間に頭を差し込んでいるように見える。

「日本は、絵で見ていた風景とそっくりだな」と、誰かが口にした。やがて木更津が右手に見え、また誰かが「あそこは、戦争が終わりに近づいたころ、神風特攻隊が飛び立ったところだよ」と話していた。折しも、いかにも恐ろしげな横浜が、左手にはっきり見えてきた。横浜はわれわれの上陸地なのだ。

日本に近づいたとき、われわれが最初に目にした光景は、落胆の一語に尽きた。見るものすべてがコンクリートばかりだったからである。埠頭、工事用の杭、ドック、それに薄汚れた仮小屋と管理用のビルがすべてだった。「ここには東洋的なものは何もないね」とぶつぶつ言う仲間もいた。「ウィスコンシン州のミルウォーキーそっくりじゃないか」日本はどこに行っても同じなのだろうか、東洋のミルウォーキーに変貌してしまったのか？　われわれは現実主義者であり、ここが敵地で、しかも進んだ工業国であることはよく知っていた。それにもかかわらず、意識の底では玩具のような家々、着物を着て洗練された人びと、寺院の鐘や塔といったロマンチックなイメージを拭い去ることはできなかった。富士山や芸者についても同じであった。

私はそのころまだラフカディオ・ハーンは読んでいなかったが、仲間の多くは読んでいた。それに、ハーンが描き出した日本のイメージは、西洋の日本通のなかに深く浸透していた。

どう控え目にいっても、われわれが出会った現実はそういうものとは違っていた。最初に会った〝敵〟日本人は、港湾労働者だった。彼らは見すぼらしい服を着て、髪はくしゃくしゃ、ひげは生やし放題であった。誰がそんな醜悪なやりとりを始めたのかわからなかったが、沖仲士たちが煙草をくれと言いだした。われわれは吸いかけの煙草を投げてやった。不愉快な光景であった。やがて誰かが、吸いかけの煙草を水の中に投げた。それを沖仲士たちが岸壁から飛び降りて拾い取るのを楽しんでいるのである。沖仲士たちが奪い合いをするたびに、人びとは「うまいぞ」とか「頑張れ」と叫んでいる。そのうちに、誰が煙草を首尾よく拾えるか、賭けはじめる始末であった。

座間へ向かう

われわれが船を降り、日本の土の上に足跡をしるしたのは、もうすでに夜になってからであった。われわれは、何台ものトラックを連ねて横浜駅に向かった。ここで座間行きの列車に乗り換えた。座間が、われわれを受け入れるキャンプだったからである。乗った列車といえば、ガラスが割れた窓は板やボール紙で代用し、座席の背もたれは板の上に薄い緑色のビロードを張っただけのオンボロ列車であった。寒い夜で、われわれはガタガタ震えていた。数分ごとにガタンといって止まると、一〇分か一五分は止まったままであった。五、六キロ進むごとに機関車を換え、そのたびに引込線に入ってしばらく動かなかった。

当然のことながら、われわれは一人残らず日本の真実の姿を見ようと、目を皿のようにしていた。しかし、夜のとばりが下りてしまい、列車が止まった田園地帯はたいてい明りひとつ灯っていなかった。列車が止まるたびに、必ず何百という人びとが線路沿いに集まってきた。男はボロ服や軍服のお古を着て、女はモンペ姿で子供をおぶったり、食料、チョコレート、煙草、お金などを物乞いした。

「子供たちは近づいてくるなり、〝プレゼント〟と叫ぶ」と、私は日記に書いていた。こんな言葉を耳にしたのは初めてだったので、その意味がわかるまでしばらく時間を要した。こうした光景は、ドストエフスキーの『地下室の手記』を思わせるものがあった。われわれ言語将校は、どう反応すればよいのかわからなかった。

列車に乗っていた他の兵隊たちは、なんら気がとがめる様子もなしにヤミ商売を始めていた。煙草をバラ売りしたり、箱ごと売ったり、チョコレートや、私には多すぎると思われたK－レーション（糧食）を売り、小間物や美術品を買った。ある二世将校は、大きな美しい絹のスカーフを煙草三箱と交換した。一箱が一五円で売れたことを、記憶している。当時の交換レートは、五円＝一ドルだったように思う。

こうした光景を見るにつれ、われわれ言語将校は寡黙になっていった。とはいえ、結局、自分たちが学んだ言葉をなんとか試そうと懸命になっていた。おそらく日本語を通じて、いまこの土地で起こっていることをつかむことができるだろう、と。そこで、列車が止まるたびに、また物乞いや買い手が押し寄せるたびに、われわれは何かを話すように努めた。だが、結果は惨憺たるものだった。言葉は行き交ったが、真の人間的対話などまったくなかった。また、日本語学校で学んだ標準的で丁寧な言い回し、たとえば「この箱を取ってください」といった表現は、子供や物乞いを相手に話すにはまったく見当外れだということを知ったのである。

座間キャンプ

座間での最初の朝、われわれは七時半に起きた。曇り空のはっきりしない日だった。起きてみて、宿舎に充てられたのは普通の兵舎ではなく、教室だったことを知った。その朝、まず最初にしたことは、オリエンテーションを受けることであった。話の大部分は、日本女性をまるで伝染病患者扱いにして近づいてはならないという内容であった。「サンプル調査によれば、日本女性の性病罹患率は九〇パーセントに達している」と、軍医はわれわれに語った。「五〇パーセントが二つ以上の性病にかかっている」という。

すでに一日の大部分を「日本の国土の上」で過ごしたわけであるが、基地の中に閉じ込められていたので、まだ日本の入り口に立たされただけで、本当に中に入り込んだという気分にはなれなかった。目にした日本人といえば、兵士たちのいやがるベッド・メークや掃除、炊事などの雑用をする下働きの人たちだけであった。彼らは米軍や旧日本軍のお古を着ていたから、なんとも珍妙な恰好をしていた。多くのGI連中は、ダブダブの上着を着て、すそをゲートルで巻いたラッパズボンからはBVD（男性用下着の商標）が不恰好に飛び出し、足には草履や下駄をはいている彼らの姿を見て、ゲラゲラ笑っていた。こんな恰好を見ただけで、勝利者としてのGI連中の優越感はいっそうかき立てられた。

座間キャンプの中では、日本人はいじけて悲しげで、必死になって異国の言葉を理解しようとし、なんとか家族を養っていこうと仕事にしがみ付いていた。

われわれは初めて、「敗戦後の日本の食糧不足」を、抽象的な統計数字ではなく実感として受け止めるようになった。当時の私の日記には、こう書いてある。

二〇人ほどの婦人たちと数え切れないほどの子供たちが、軍隊食堂の後ろの屑入れをあさり、残飯を欲しがった。何人かの仲間は、パンなどの食べ物をわずかながら持ち出した。だが、こんなことをしても、大海の一滴にすぎなかった。どう頑張っても、無理な話だ。米軍の残り物で、日本が食っていけるはずはない。ラリーと私は、外へ写真を撮りに出かけた。人びとにとって、自分たちの窮状を撮られるのは人間としての尊厳に傷がつき、つらいことだったのだろう。われわれがカメラを向けると、人びとは写されることを嫌って羊が脅かされたようにさっと逃げていった。彼らは、何か施し物を受けたいという気持ちを抑えて、その場を離れたのだ。陰鬱な顔をした二世の兵士たちが、残飯をやっていた。近くの日本人が石油缶やバケツなどの容器持参でやってくると、GIたちは残り物をこうした入れ物に一杯にして帰していた。

女たちはたいてい子供を背にしていたが、色鮮やかな着物やモンペ姿に長靴、地下足袋、下駄をはき、あるいは裸足といういでたちながら、こんな窮状にあっても威厳のある態度をもちつづけていた。

若く美しい妻たち、白髪の老女たちのすべてが、やむなく残飯を求めていた。二世の連中は、四日前にここに着いたとき、汚れた屑物入れから女たちが食べ物をあさっていた、と話してくれた。彼らはあまりのショックに、比較的汚れていない残り物をきちんと場所や時間を決めて施すようにしている。

女たちは四、五キロも遠方から、食事の時間になると必ずやってくるのだそうだ。食べ物という食べ物がいっさいなかったのだろう。ある老女などは、母親に背負われた赤ん坊の口に拾い集めたパン切れを詰め込んでいた。でも、こういう人たちはまだ幸運だ。近くに米軍のキャンプがない人たちは、いったいどうするのだろう?

東京への車中にて

翌日の午後までには、われわれは座間到着後の諸手続きを終え、仲間の何人かはかつての敵国の首都東京の様子を見るために電車で出かけた。電車はずっと満員だった。乗客の多くは、田舎の農家から買った米や食糧の入った大きな包みを背中や肩に背負っていた。人びとの身体から発散されるツンとしたにおいをかぐと、メキシコの田舎の混んだバスを思い出した。ピエール・ロティの作品に出てくる長崎の愛の巣のことも頭に浮かんできた。

……麝香《じゃこう》と蓮のにおいが入り交じった妙なる香り——日本の、黄色人種の本質を表わす香りだ。土に生きる人びとの、古雅な木製品の発する香り……野獣のにおいとさえいえる。

こうした文章を思い出して、私はうんざりした。ピエール・ロティの感覚はどこかおかしいのではないか、と考えた。確かに、民族にはその民族の香りというものがある。しかし、われわれにとって他民族のにおいが不快なように、他民族にとってもわれわれのにおいは不快なのである。日本人に特有なにおいは確かにある。しかし西洋人とて同じこと、だからこそ、西洋人らしくみえることを〝バタ臭い〟というのではないか。においというものは食生活に起因する。われわれの場合は肉である。だが今日、日本人の食生活は西洋化し、肉、パン、バター、チーズ、ミルクなどを食するようになった。日本人のにおいは、文化や経済のように以前に比べずっと西洋化したにちがいない。もちろん、私の乗った満員電車の中では、ひとしお強烈なにおいが漂っていた。これが戦後の日本であった。惨めで、食糧や石鹼や上品な着物が欠乏していた日本であった。

われわれが人びとのなかに入ってゆくと、乗客はまるで沈黙せよとの命令を受けたかのようにしぶしぶ道を譲ってくれた。立つか座るかする場所があるのはよかったが、自分が勝利者としてそれほどの服従を求めることができるのかどうかと考えると、気が重かった。だがそのような気持ちは、乗客が自分たちの立場をはっきりさせたのだと気づくと、吹き飛んでしまった。われわれは勝利者ではなく、むしろ名誉ある客人なのだ。そう考えれば、特別扱いも気楽に受けられる。服従などではなく、歓待のしるしなのである……。

満員の車内を眺めながら、本当に日本語が通じるのかどうかを知るためにとうとう実力を試す機会が訪れたのだと思い、私はゾクゾクする興奮を感じていた。こういう状況では、どの程度の丁寧な言い方をすればよいのだろう。私はいくつか丁寧な言い回しを慎重に口にしてみた。何と言ったのかはっきり覚えていないが、隣の吊り皮につかまっている人に恐る恐る言葉を選んで話しかけてみると、驚いたことに反応があった。知らないうちに会話が始まっていたのである。これが、日本で私が日本人と交した最初の会話であった。

私が話しかけた人は、元外交官で現在は電機メーカーの顧問をしていることがやがてわかった。東京帝国大学法学部出身のエリートで、ラテンアメリカ各地に勤務した経歴をもっていた。私が一年間メキシコで過ごしスペイン語を話せるのを知ると、その人はスペイン語で話そうと言いだした。私としては日本語をもっと試したかったのだが、私たちは東京に着くまで揺れる電車の中で吊り皮につかまりながら、スペイン語を話しつづけた。

東京から博多へ

東京見物

私たち二人は、当時占領軍が〝アヴェニューA〟と呼んでいた、お濠端の道を歩いた。私はラテンアメリカについてスペイン語で話しながら、元外交官氏は元気のいい足取りで、私のほうはおぼつかない足取りで。私は目に入る〝日本〟をじっくり観察しようとしていたからである。

突然、彼は目的地に着いたらしく足を止めた。「帝国劇場です」——劇場のロビーまで並んだ長い列を前に、私の袖をさっと引きながら言った。ちょうど歌舞伎が公演中だった。劇場は満員で空席もなかったが、わが強力なる世話役は支配人のところに行き、米国軍人のためにボックス席をとるよう要求した。すると、舞台近くのボックス席に座っていた二、三人が、なんの躊躇もなしに私たちのために席を空けてくれた。出し物は「紅葉狩」だった。私は舞台中央の大きな木に目を奪われた。役者の衣装を見て、日本語学校時代に観た映画のシーンを思い出した。わが友人は奇妙な興奮した声で、説明したり通訳したりしはじめた——しかもスペイン語で。私の耳に時折意味のある音が入ってくるほかは、彼の説明も役者の台詞もまったく聞こえてこなかった。何よりも音曲にひき込まれてしまったのである。突如、舞台に打ち付けられる拍子木の音、山場に差しかかったときの引きつるような三味線の急調子で高い響き、浄瑠璃の語り、とらえどころがないのになぜか自然な調子の音曲、台詞、所作……。

「さあ、これから銀座を案内しましょう」——美しさにあふれた暗闇からギラギラする太陽の下に連れ出すと、私のガイドが言った。結局、私は彼の言葉に従った。とにかく、彼が約束を最後まで果たそうとするのをあきらめるまで、極めつきのスペイン流礼儀正しさでとことんまで付き合った。スペイン人でも日本人でも、礼儀正しさは攻撃の強力な武器スタンダールもどこかで、フランス貴族の貴族たる証はのべつ幕なしにお上手を言えるか否かにかかっている、といっている。

わが世話役にいささか度を過ぎるほど失礼をわび、謝意を表わして、ありがたく彼の名刺を頂戴した。日本的習慣の初体験であった。こうして、私は彼と別れた。

これが、私が日本語で話をした最初の体験であった。中隊の誰もが似たりよったりの体験をしている。私とは別の機会に同じ電車で座間から東京に行ったパーク・ピータースンは、初めて東京を訪れたとき、日本語の大きな誤りを三つ犯したと言っている。

一つは、KO-BA-TAと書かれたタバコ屋の看板が目に止まり、その意味を聞いたときのことであった。これが最初のショックだった。次は日本で迎えた最初の朝、東京まで電車に乗っていったときのことである。隣の吊り皮につかまっている人に、日比谷までの道順を聞いてみた。その人は、私の会った人と違って外交官ではなく、たいへん親切な元海軍大尉であった。彼はさっそくピータースンに、案内してあげようと言った。ところが、着いたところは渋谷だった。これで、ピータースンは江戸っ子には「ヒ」と「シ」の区別がつかないのを知った。このようなことは、日本語学校では教えてくれなかった。

第三の失敗は、帝国ホテルで食事をすませたあと、銀座に向かっているときに起こった。日劇の近くまでやってきたとき、若い母親がリンゴのような頰をしたとても元気そうなかわいい赤ん坊をおぶっているのに出会った。彼は褒め言葉のつもりで、「かわいそうな子供ですね」と言ってしまった。本当は、「かわいい子供ですね」と言うつもりだったのに。

人のよい友人たちから自由になってずいぶん長いことかかったが、私にもやっと東京の街を観る機会が巡ってきた。皇居のお濠に面した大通りには、空襲にも耐えたくたびれたビルが並んでいた。ほとんどが六階建てのビルだった。近くには元の第一生命ビルを接収したマッカーサー総司令部があり、四角い柱が五階まで伸び、まあまあといった感じに白く磨いてあった。入り口の前の通りには群衆が列を成し、白い手袋、肩章といういでたちの大男のMPたちがなんの苦労もなしに人びとの整理に当たっていた。その光景は、巨大なクッキーの抜き型で切り取られたように見えた。

マッカーサー元帥が、第一生命ビルの正面玄関を出てゆっくり階段を下り、待っている黒いキャデラックに向かうと、群衆のなかからひそひそ声がさざ波のように起こり、老人たちのなかには恭しく頭を下げる者もいた。若い人たちは、さも面白そうに眺めていた。米兵は一斉に敬礼し、日本人は遠慮がちに喝采を送った。日本人の多くは、あとになって理解できたことであるが、不思議な表情を見せていた。あのいわくいいがたい中途半端な微笑——見方によっては渋面にも満面の笑みにも変わってしまう微笑を浮かべていた。

交通整理

日比谷の交差点も、一つの見ものだった。ここの場合は、米兵にとっても見ものだった。巨漢のMPたちが中南米の将軍もかくやと思わせる衣装を身に着け、アヒルが歩くように、操り人形のようにギクシャクした動作で交通整理に当たっていた。

MPの半分ほどの体軀の日本人警官は、ダブダブの制服を着て、MPの動作をまねようとしていた。仲間の半数が路上で交通整理に当たっているあいだは、残りの警官は道端で次の出番を待っていた。前の組が疲れて交代時間がくると、さっそくあとの組が教育者のような熱心さで交代した。時には、日本の警官が大げさな身振りとか空中に飛び上がる恰好でアメリカ人の先生たちをしのぐこともあった。

そういうことがあると、通りの喧騒のなかからどっと笑い声がわき起こった。しかしMPも日本の警官も、笑うほうこそおかしいと思っているようであった。私には、人びとの笑いは一種の戸惑いのなせる業のように思われた。日本人は馬鹿にされていると思っていたのだろうか、あるいは自ら進んで馬鹿の役を演じたのだろうか？　つまり、米兵から民主的なやり方を教えてもらうための日本人の生き方だったのだろうか？

焼け野原

その日の午後遅く、私は街のなかに出かけ、自分の目で何が起こるのかを見ることにした。まず、日本郵船ビルに行った。ここは将校宿舎に充てられており、座間キャンプですべての手続きを終えたわが中隊の連中が落ち着いていた。通りの向こうの東京海上ビルの外観は異状がなかったが、空襲で直撃弾を受け、ワン・フロアかツー・フロアしか使えなかった。

友人の一人がジープを一台確保したので、われわれ二人は彼が二、三日前に出会った娘を探しに出かけた。住所はわかっていたが、東京の地図をもっていなかったし、地理にも明るくなかった。実際に目にする東京の姿は、すさまじいものだった。われわれは初めて、東京の六〇パーセントが空襲で灰燼に帰したという冷厳な数字の意味するところを知った。マッカーサー司令部の近くには、かなり傷んではいてもまだ使用可能なビルがあった。それが数町も先に行くと、つまり田村町の辺りからはもう荒れ果てた砂漠のようなものだった。空襲には主として焼夷弾が投下され、爆弾はほとんど使われなかった。伝統的な日本家屋は燃えやすい木や紙で造られていたから、なんらの痕跡もなしに灰となってしまったのである。したがって、空襲を受けた地域を通過しても、以前は荒れ地だったぐらいにしか思えない。

映画で見るように、鉄やコンクリートや煉瓦で造られ残骸が残っているヨーロッパの焼け跡風景と違って、日本の場合は、思いやりのある老女がなんの迷惑もかけずにひっそりと息を引き取るように、何もかも燃えてしまってなんの痕跡も残さないし、他人の邪魔になることもない。見渡したところ、建っているものといえば一家の大事な物を納めた土蔵くらいしかなかった。土蔵は普通数十センチの厚さの壁でできていたし、大きくて頑丈な鉄の錠前が付いていたから、焼夷弾が落ちても焼けるようなことはなかったのである。荒涼たる焼け野原にポツンポツンと土蔵が立っている様は、奇妙な新しい形の都市計画が実行されているように見えた。内部は狭かったが、土蔵がある人は、家が焼けても住むところがあるので恵まれていた。

長らく、こういうふうに日本の焼け跡風景を観察しているのは私だけだと思っていたが、その後、次のような文章が偶然目に触れた。これは一八七六年十二月一日付けの『ベルツの日記』で、十一月三十日の東京の大火の直後に書かれたものである。

大火に見舞われた地域は広範囲にわたっていたが、それにしてもヨーロッパの街と違って絶望的な様相を見せていなかった。初めてこの土地を訪れた外国人の目には、いったいこの街で何が起こったのかよくわからないはずだ。まだ建物は残っていた……大火の現場で……これらの建物は頑丈な造りの倉庫で、商家には数棟、裕福な家には少なくともひと棟、必ず〝蔵〟があった……焼け跡に残った建物はその〝蔵〟なのである。木造の住居のほうはすべて灰となって、屋根瓦の破片以外に何も残っていない。大火のあとでも焼け焦げたむき出しの壁が天に向かって立ち、かつての素晴しい建物が骨組だけを残しているヨーロッパの街と違って、日本の街には家具類の壊れたものも、金具の焼け固まったものも、暖炉の崩れたものもない……一切が灰となるのだ。

空襲によって、目印になるものはいっさい焼け落ち、目指す場所に行こうとしても、まず方角の見当がつかなかった。やっと、われわれはうまく目的地を探し出すコツを知った。交番から交番へとたどっていく方法である。このようにして、われわれは皇居のお濠と山《やま》手線《てせん》の内側の地域を見ることができた。

やくざ

その夜、わが友人にどんなお楽しみがあったかは知らないが、私は友人を残して再び東京見物に出かけた。また偶然に、私より一、二カ月前に東京に来ていた先輩に会った。「品川の近くに、おもしろいところがたくさんあるよ」と、私が聞きもしないのに言いだした。そこでわれわれは、省線（国電の当時の呼び方）に乗り、品川に向かった。品川地区はこの当時たしか黒人ばかりの第二四師団の駐屯地になっていた。二、三分、通りを歩いているうちに、これは危険な場所だなと思うようになった。そこで、電車に乗って、また有楽町に舞い戻った。

ある通りを歩いていて回転木戸があるところに差しかかると、ぎょっとするような光景を目にした。一五人ばかりの二組の男たちが野球のバットや棍棒《こんぼう》などを手にして、向かい合って立っていた。われわれが回転木戸を通り抜けて空地のほうに向かうと、男たちはしーんと静まり返った。ちょうど、時代劇で剣豪が刀を一閃する直前に身体の均衡を移しながらかすかに足をずらし、一撃のもとに相手を倒せるよう有利な態勢をとる様を思わせた。ニッカーボッカーをはいてチョビ髭を生やした小柄な男がさっと走って相手の背後に近づき、安全な位置に立った。一瞬、あたりは凍り付いたように静かになったが、私の少尉の襟章を見ると彼らは姿勢を正し、武器をだらりと下に下ろした。「ここを出ようか」と先輩が囁き、私の二の腕を握った。「やくざの喧嘩だよ」

われわれがゆっくり出てゆくのを、彼らは顔も動かさずにじっと見つめていた。外に出た瞬間、叫び声が上がり、続いてバットで殴り合う音、頭や腕、壁を叩き付ける音が聞こえてきた。終戦直後、韓国人たちがヤミ市に入り込み、日本人のやくざを追い払って実権を握ったが、われわれが目にしたのも、そうした縄張り争いのひとこまだったのだろう。このとき、どちらが勝ちを収めたのか、私は知らないが。

すでに午後十一時になっていたので、すっかり日本の珍しさにも慣れた先輩は宿舎に帰ると言いだした。だが私は相変わらず探検を続け、有楽町駅から露店や飲食店の蝟集するなかを通り抜けて数寄屋橋に向かい、それから銀座四丁目のほうに歩いていった。

陸軍日本語学校にいたころ、私の好奇心をそそった言葉に〝銀ブラ〟があった。だから、実際にこれを体験したいと思っていた。そのときは夜もふけて、しかも終戦直後ではあったが満ち足りた気分でなんの当てもなく散策する人がいたので、〝銀ブラ〟とはこんなものかなと想像することはできた。数カ月後、日本の生活にも大分慣れたころ、日曜日に銀座を再訪して〝銀ブラ〟の本当の意味を知ることができた。

私は、だれかれとなく、話しかけてくる人たちと心楽しくおしゃべりをした。しかしそのうちに、私の制服が有利な場合もあるが、呪詛《じゅそ》の対象にもなることを知った。

それまで、私は人目を引くようなことはなかった。メキシコのタラウマラ・インディアンのなかにいてすら、目立つ存在ではなかった。だが、このときばかりは人目を引く存在だった。思いがけず、ボロを着た子供の群れが物乞いをしたり、靴を磨かせろと走ってまつわり付いてきた。米兵をカモにしているポン引きやパンパンにしても、同じだった。人びとは私に絶えず視線を浴びせ、私の口から出るわずかな日本語にも目を丸くした。私が東京の第一夜を過ごしに日本郵船ビルに戻ったのは、間もなく午前二時半になろうかというような時刻だった。

それぞれの出会い

ほかの人には、またその人なりの出会いがある。ここでは、二つの例を挙げてみよう。

わが友人の一人はある部隊の指揮官だったが、マッカーサー元帥の日本到着の露払い役を任ぜられて日本に派遣された。「つまりだな」と、友人は私に言った。――「東京を占領するってことなんだ。まだ戦闘気分も冷めやらぬ若いGIたちに、どんな気がするかわかるかい？」

彼の部隊は、沖縄で熾烈な戦闘を体験していた。上陸地点は湘南海岸で、当時としては世界で最も堅固に要塞化された海岸線だった。海に向けられた大砲や深い塹壕を眺めながら、こんなところに上陸作戦を展開したら、きっと大きな犠牲を伴っただろうと考えたそうだ。彼の部隊は何事もなく上陸した。とはいえ、戦争中の習慣からは抜け切れなかった。瞬く間に上陸用舟艇が海岸に近づくと、隊員は浅瀬に飛び降り、さっと戦闘隊形を作った。腰から重機関銃も据え付けられた。全兵士が重装備で、手榴弾がまるでブドウのように腰からぶら下がっていた、という。

ところが、目の前の光景を見て、兵士たちは思わずたじろいでしまった。何百人もの日本人が砂丘の縁で星条旗を打ち振りながら、自分たちを歓迎していたのである。狐につままれたように戦闘態勢解除の旗が振られ、兵士たちのなかには逃げ出す者や銃床をぎゅっと握る者がいた。

「われわれは罠《わな》を仕かけられているんじゃないか、と疑っていたんだ」――わが友人は言った。「三〇〇万の日本兵が武装を解除されずに日本本土にいるのは知っていた。それに沖縄でのこともあったから、これはきっと待ち伏せ作戦だぞ、と思ったんだ」

銃剣をかざしながら、兵士たちは重々しい足取りで砂丘を登り、老人や女子供の群れのなかに真っすぐ進んでいった。その間、人びとは歓迎の叫びを上げ、四年も続いた戦争のあいだ大事にとっておいた絹の布切れや錦、刀剣類などの貴重品をプレゼントとして差し出した。将校たちも、正式な歓迎委員会に迎えられた。

人びとが砂丘の向こうの道が見えるように列を開けると、米兵を東京まで運ぶための自動車が何台も待ち受けていた。そのほとんどは木炭自動車だった。それでもまだ、米兵は疑心暗鬼の状態だった。そのため彼らは、用意された自動車には乗らず、船で運んできたジープに乗って東京に向かった。そのあとをぞろぞろと長い車の列が続いた。

東京に入るとすぐ、彼らは代表を派遣し、帝国ホテル、アメリカ大使館、第一生命ビルなど占領軍が使用するための建物を接収する交渉に当たらせた。その日遅く、兵士たちは街なかに出かけることにした。私の友人は、当時を思い出して次のように語っている。

そう、俺たちは古株の猛者ぞろいだったがね。まだ疲れていたけれど、銃を持って出かけたんだ。夜がふけるころには、一人ぼっちで歩いている者もいたし、小人数で歩いている者もいた。俺たちは銀座通りを歩いて買い物をしたり、飲んだり、レストランで食事をしたり、女を拾ったりしたんだ。翌朝、誰もが不愉快なことは何もなかったな、と口々に言ってたよ。兵士たちは土産物を買ったりして、すっかり充実した時間を過ごしたんだ。それからというもの、みんな丸腰で出かけていったよ。

歓迎に戸惑う

それから数日後、占領軍の最初の正式な進駐が開始された。

現在ニューヨーク市立大学の歴史学教授で社会科学学部長であるアーサー・ティーデマンはその当時言語将校であったが、降伏文書調印（一九四五年九月二日）以前に日本に上陸した一人だった。彼の乗ったフィリピンからの病院船は八月三十一日に横浜に入港した。だがそれ以前に、テンチ大佐率いる数部隊と第四海兵師団が二十八日にすでに上陸しており、さらにその前日の二十七日、アイケルバーガー将軍と第二八師団が上陸をすませていた。

特にティーデマンの印象に残っているのは、港に停泊していた海軍の艦艇と一面に書かれた〝キルロイ、ここにあり〟という文字だったという。神奈川県庁に本部が設置され、横浜の市街を歩く際には必ずカービン銃を携行するように命令されていた。「いつも、そうしてたよ」とティーデマンは語る。――「でも、弾丸なんて込めていなかったよ」

彼が驚いたのは、すべてが静かなことだった。日本兵は一人もいなかった。目についたのは、年をとったみすぼらしい服装の警察官だけだった。突然、たくさんの群衆がやってくるような物音がしたので、何だろうと思っていると、これは何も危険なものではなかった。近くの映画館から出てくる観客のどよめきだった。彼が日本で耳にした最初の日本語は、警察官が工員風の男を前に話している荒っぽい言葉だった。――「おい、おまえ、どこに行くんだい」

「われわれが教わったかぎりでは、この〝どこに行くんだい〟というような〝だい〟を使った表現は、それまで実際に使われているのを耳にしたことがなかった」と、ティーデマンは言っている。「だから、とても印象的だった。日本語学校の教科書に出ていることを実際に耳にし、われわれの勉強も目的を果たしているな、と実感したんだ」

私自身の出会いは、ずっとあとのことになる。状況も変わっていた。しかし一年ほどのうちに、日本にやってきたアメリカ人の多くは、一九四五年八月末に私の友人やその同僚が経験したのと同じように、日本人に対する見方を進歩させた。アメリカ人にとっての日本人のイメージといえば、太く突き出た眉毛、反っ歯、ずんぐりした体軀、不誠実、狭量、戦闘の際の危険このうえもない狡猾さ、自他を問わぬ生命の軽視などが挙げられている。この恰好の例は、有名な漫画家ミルトン・クリッフが戦時中に描いた「日本人の見分け方」という絵である。これは、合同中国救済委員会によって広範囲に配布された。しかし、このような考え方は、日本とじかに接触するようになると、たちまち消えてしまった。沖縄のタコツボから出てきたばかりのGIが初めて日本にやってきて豹変《ひょうへん》する様は、なかなか見ごたえのあるものだった。充血した目で、血の付いた日本人の歯を腰のベルトにインディアンの戦利品さながらに結び付けていたGIたちが、一〇日もたたないうちに鋭い目つきも柔和そのものに一変させ、日本酒や女たちの味見や畳の居心地を試すのに精を出すようになる。そして低い入り口に頭をぶつけたり、無器用に箸を使ったり、家の出入りに軍靴と格闘するのであった。新しく進駐してきた部隊のなかに相変わらず頭の固い上官がいると、一週間前に進駐していた古参兵たちは、「一週間かそこらで変わるさ」と訳知り顔で彼らを眺めているというわけである。

言語将校は、一般の兵士ほど疑いももたなかったし、紋切り型には考えていなかったが、日本人についての考え方は本質的にはまったく同じであった。

博多への旅

言語将校仲間は、次の永続的な勤務が決まるまでの数週間、東京で待機していた。われわれとしては、占領行政の中心でもあり、この国の首都である東京にずっと置いてほしいと願っていた。荒廃や貧困のただなかにあったが、東京は相変わらず活力に満ちたこの国の心臓だった。第二希望は関西だった。日本文化を真剣に学びたいと思っている者にとっては京都が希望の地であり、そのほかの者は大阪か神戸を希望した。第三希望は博多だったが、われわれの目からすればはるかに遠い田舎に思えた。もっと遠い任地もあった。それは遠い暗黒の地、韓国である。言語将校は日本語の研究に長い時間、情熱を傾けてきたのだから、韓国に送られるのは死ぬよりつらいことだった。

東京を希望する者が多かったから、最後の決定はクジ引きで決められることになった。私は博多行きのクジを引いた。最初はがっかりしたが、以前のルームメートのように韓国行きのクジを引かなくてすんだので、ひとまずほっとした。

一つはっきりさせておきたいのは、韓国に対するわれわれのこうした態度が、韓国を嫌悪する感情からきているわけではないということである。理論的には、韓国は日本帝国主義の犠牲になったと考え、一同は心から同情を寄せていた。ただ、言語将校は日本語の勉強にすべてを傾けてきたため、何がなんでもその成果を実地に生かしてみたいと願っていた。ところが、一九四五年暮れから四六年初めにかけての韓国の状況は混乱の極にあることを、情報網を通じて知っており、わざわざ韓国まで行く気にはならなかったのである。

数日後、私は博多の民間検閲隊勤務の辞令をもらい、他の五人の将校とともに任地に向けて出発した。

博多までの旅は、陰鬱な思い出としか残っていない。東京ですでに目にしていたのに、さらに戦争の傷跡を見なければならなかった。日本は荒廃した国であり、絶望に苦しむ人びとで満ちていた。自分たちのように日本語を学んだばかりの者が実際に日本語を使うには、ふさわしい場所とはいえなかった。

列車は、広島で短時間ながら停車した。駅舎と丘の上に立っている広島大学の崩れた煙突のあいだには、鉄筋コンクリート造りのデパートのねじ曲がった残骸を除いて、建物らしい建物はまったく見えなかった。すべてが瓦礫《がれき》と化し、かつてここに繁華街があったとは思えなかった。しかし、いまだにレンギョウが咲き誇り、車窓からは、ガランとした空地に人びとが重い足取りで歩き、一時しのぎの小屋を建てたり、畑に野菜を植えたり、廃墟のなかで仕事に精一杯向かっている姿が見えた。

博多到着

列車の旅は、ずいぶん長い時間がかかった。どのくらいかはっきり覚えていないが、たしか三〇時間はかかったのではないだろうか。新博多駅に着いたのは真夜中だった。プラットホームは何千という人びとで混み合っていた。博多は、中国から帰国した復員軍人の乗り換え地であるとともに、朝鮮に帰国する人たちの出港地でもあった。引揚者は、帰る先があれば博多から郷里に向かったし、帰る先がなくてもどこかに去っていった。列車はいやというほど混んでいたので、身体を伸ばす余裕などなかったが、切符が手に入った人はそれでも幸運だった。普通は、切符を手に入れるために何日間も待たなければならなかったからである。そういう人たちは、疲れ、敗北感に打ちのめされ、生きる元気を失っていた。

四人の酔っ払ったオーストラリア兵が、面白半分に人びとをプラットホームの上に整列させ、お辞儀をさせていた。驚くべき光景だった。老人も婦人も、疲れ果てた引揚者でさえも、オーストラリア兵が前を通りかかると、じっと立ち止まってお辞儀をしなければならなかった。物音ひとつないプラットホームの薄暗い明かりの下で、赤ら顔のふざけたオーストラリア兵を前に引揚者がお辞儀をしている光景は、まったく奇妙なものだった。

われわれはとても腹が立った。なかに割って入って、やめさせるべきか？　そういうことをすれば、あの唾棄すべき酔っ払いのオーストラリア兵と喧嘩になるに決まっている。それならば、ＭＰを探したほうがいいのか？　ちょうどそのとき、ＭＰが自動車から降りて近づいてきた。彼らの姿がプラットホームに現われると、オーストラリア兵は雲を霞と逃げていってしまった。ＭＰはあとを追いかけたが、その連中を逮捕したかどうかは、わからない。

日本の人びとと風物

さまざまな日本知識

言語将校のおもな任務は、日本語の知識を占領のために役立てることであった。この任務をうまくこなすために、われわれはどうやって準備をしたのか？

われわれの仲間にはいろいろな種類の人びとがいた。たとえば、〝日本生まれ〟の者は、他の多くの学生よりずっと先に進んでいた。日本生まれではない者の一部は、二、三年間、陸軍に入る前に大学で、あるいはA中隊入隊前に陸軍専門訓練隊で日本語を学んでいた。私の場合は、最少の予定である一八カ月の訓練も受けられず、わずかに一六カ月の訓練を受けるにとどまった。というのも、その訓練が終了しないうちに戦争が終わったからである。

日本についての知識は平均すればそれほど深くはなかったが、研修生の構成と同じように種々雑多であり、大多数の者は若かった。そして、〝日本生まれ〟と、戦前に日本で暮らしたことのある少数の者だけが、なんらかの意味で直接の知識をもっていた。他のほとんどの者は、陸軍専門訓練隊（この隊は「地域研究」にいくらかの関心を払った）とか気まぐれな読書のおりに得た生半可な知識しかなかった。私としても、すでに説明したとおり、陸軍専門訓練隊を経てA中隊に入ったわけではないし、A中隊は言語訓練だけで地域研究の授業は行なわなかったから、日本についての知識は日本到着前に読んだわずかの書物から得たものに限られていた。

私は、自分自身の準備不足を感じていた。他の人にしても、ごく少数の例外はさておき、ほとんどの人が占領の重要なポストをこなせるほどの熟練の域には達していなかったと思う。占領期間中、主要な占領行政に携わった人びとのなかにも、日本に来る前にそれぞれの専門分野に通じていた者はごくわずかしかいなかった。民間情報教育局を率いていたのは、戦前カリフォルニアで教壇に立ち、その後和歌山の高等学校で英語を教えていた海軍中佐であった。学制改革を指揮した将校の多くは教育者であったが、実質的にはそのうちの誰ひとりとして、いかなる形であれ日本の教育にかかわった経験をもつ者はいなかった。セオドール・コーエンは、占領初期の労働改革に重要な役割を果たした人であるが、労働課の課長に任命されたとき、まだ二十代半ばであった。コーエンが任命されたのは、日本の労働運動についていくばくかの知識をもつ唯一のアメリカ人だったからである。コーエンは、コロンビア大学で日本の労働運動に関する修士論文を書いていた。

日本語の壁

日本語の能力に関してだけいえば、これまたわれわれは種々雑多であった。日本到着のときまでに、全員が日本語を読んだり話したりすることにかけてはかなり進歩していた。

誰ひとりとして基礎的な話し言葉には不便を感じていなかったし、全員が数千の「漢字」を覚えていた。だが研修の最終課程で、ほとんどの者が多くの困難に向かって前進するか、さもなければ撤退するかというところに差しかかっていた。少数の者だけがその壁を越えているだけで、たいていの者はその壁まで到達していなかった。

私はといえば、ちょうど壁の真上にいた。会話ができることを自分なりに喜んでいたが、すぐに自分の日本語がぎこちないのに気づいた。新聞も読めたが、楽々というわけにはいかなかった。小説を読もうとしたが、一冊目で挫折してしまった。一ページごとに二〇も三〇もの単語を調べなければならなかった。研修のおかげで辞書を引いて漢字を見つけることはできたが、一時間に二、三ページしか進まないので、がっかりしてしまった。わずかな単語と言い回しを除くと、「歌舞伎」は高嶺の花だった。

日本語の能力が進歩するかしないかは、そのあと引き続いて実地の経験をもつかどうかで決まった。言語将校の多くは、日本語を使う機会がほとんどない任務に就かされた。そのうちの多くの者は、進歩するどころか後退してしまった。しかし幸いにも、日本語を必要とする任務に配属された将校もいた。私はその幸運な仲間の一人であった。博多は最適の任地とは考えられていなかった。その当時、博多は第二海兵師団の下にあり、陸軍の指揮下にはなかった。海兵隊は荒っぽく、たけだけしかった。われわれのグループの全員が、東京（そこには活力がみなぎっていた）か少なくとも大阪（そこは大都市のありとあらゆる輝きがあり、京都や神戸はすぐ手の届く距離にあった）で勤務したいと願っていた。

しかし、驚いたことに、博多勤務は意外に重要なことがわかった。仕事そのものではなく、一般的な状況がである。われわれが任命された民間検閲隊の電信検閲係は、おそらく海軍のほうが陸軍よりも情報にずっと精通していたためだろうか、海軍の指揮下にあった。この任務に、八人の仲間——陸軍言語将校四人と海軍言語将校四人——が就いていた。ここでの任務は、基本的には日本とアジア大陸間の電信・電話の傍受ということになっていたが、この任務の本来の目的が何であったか、詳しいことは決してわからなかった。あのようなやり方では、スパイを捕らえることなどできるはずがないと思われた。しかし、経済問題、ヤミ市、法律違反など、さらにことによると潜伏している戦争犯罪人に関しても、数多くの有効な情報を入手することができた。

和風旅館

宿舎について書こう。習い覚えた言葉を使いたくてムズムズしている言語将校たちにぴったりの宿舎を探し出すことが難しかったのか、われわれの最初の宿舎は呉服町という博多の古い商人町の中心にある小さな旅館、上野屋だった。国鉄の旧駅と福岡港のおよそ中間にあり、一、二町も歩くと国鉄の旧駅に行くことができた。近くには小さな神社があり、境内が公園になっていた。宿屋はわれわれのグループにちょうど手頃な大きさであり、日本の旅館を満喫することができた。その旅館からは、オフィスや兵隊食堂まで歩いて行けた。それに、日本の風趣もあれこれと味わうことができた——舗道に響くカタコトという下駄の音、早朝の納豆売りの呼び声、商店の軒先に揺らぐすだれのそよぎ、雨戸の開け閉《た》て、通りを掃き清める主人のせわしない動き、宴果てて家路をたどる酔っ払いの千鳥足……。

われわれを統括する海軍の司令官は、われわれが言語将校である以上、電話の傍受や電信の解読をすべて自分たちでやるべきだという一風変わった考え方の持ち主だった。彼は二世や日本人を使うことを拒否した。なぜかというと、彼が個人的に日本人に全幅の信頼をおいていなかったからである。きっとこれは、日系アメリカ人に対する海軍の方針を日本にも持ち込んだためであろうが、それにもかかわらず、われわれには有益だった。

仕事そのものは退屈だった。電信の解読や電話の傍受以上にやり甲斐のある仕事は何もなかった。しかしこうした任務は、日本語を修得するには好都合な世界だった。ＡＴＩＳ（連合軍翻訳通訳課）や、クラスメートが任命された他の組織のほとんどでは、慣例として言語将校に英語を操る二世、あるいは日本人翻訳者と通訳から成る一チームが割り当てられた。そのためクラスメートの多くは、学校で習った日本語を実際の生活場面で鍛える機会をもたなかった。その結果、彼らの日本語の力は衰えていった。

彼らに比べて、われわれの仲間は幸運だった。仕事はつまらなかったが、仕事に就いた最初の日から日本語を使うことになり、その結果仲間の誰もが、同級生の大多数よりずっと日本語が上達することになったのである。

仕事にしても、英語を話さない主人と女中が運営している和風旅館での暮らしにしても、われわれは海兵隊員やオーストラリア兵（彼らもそこに駐留していた）と違って、日本人のなかに積極的に入っていった。海兵隊員やオーストラリア兵は、自分たちが利用するために手に入れたホテルという安全地帯で、自分たちの仲間とばかり付き合っていた。

大学教授

かつて研究生活を送っていたせいもあって、私は日本の学者とも交際したいと思っていた。そういうとき、九州大学で初めて、特にドイツで盛んな社会学の一分野、知識社会学を専攻する蔵内数太教授（後に大阪大学に移籍）と出会った。知識社会学は私の関心領域ではなかったが、幸いなことにシカゴ大学でルイス・ワースの知識社会学の講義を受けており、知識社会学の概念や語彙に馴染んでいた。実際、私は学生時代に「人類学者の社会学」という野心的なタイトルを付けた一論文をまとめたことがあった。

「もしわれわれが、観察中の文化と個々の民族誌学者の所産としての民族誌学の成果を考えるなら、われわれの主題は個々の民族誌学者の現実認識を左右するこれらの持続的な要因の研究と深くかかわり合っている。われわれは、人類学の方法、概念、範疇、方向が、どの程度まで社会的に決定されるのかを、知りたいと思う」——大学院の学生としては、なんとも大仰な書き出しだった。

蔵内教授は、福岡の平尾上水場近くの丘陵地の閑静な一画にある和風家屋に住んでいた。その一画は戦災を免れていた。どこもかしこも戦後の荒廃のただなかにある日本で、この家などにはほんのわずかであるが、日本の情緒がまだ残されていた。春になると、樹々に花が咲きみだれ、灌木が生い茂って、時代離れした隠れ家のように見えた。

ある日、教授は仲間も誘ってくださいと言って、私をスキヤキの晩餐に招待してくれた。ダイザーとシュワードは大喜びで応じた。彼らは社会学の専門家ではなかったし、実際あの当時は、学問などということは二人の心のなかにはこれっぽっちもなかった。しかし、新しい経験にはちがいなかった。ただし、悩みの種が一つあった。つまり、スキヤキといえば牛肉が付き物なのに、その牛肉がとりわけ貴重品で、高価なものであることをわれわれは知っていたからである。

自分たちの分を持参することに決め、私はそのことを蔵内教授に知らせた。教授はこの申し出をやめてほしいと言ったが、それを無視することにしていたので、軍の厨房から巧みにせしめた山のような牛肉を手にして訪問することになった。蔵内一家は当惑した様子であったが、最後には快く受け取ってくれた。

貞淑な日本婦人

パーティはとても楽しかった。食事は豪華で酒も豊富だった。蔵内夫人は、その当時の女性としてはまれな高等教育を受け、よく本を読んでおり、生き生きとした会話のできる人であった。にもかかわらず、その晩、彼女は給仕役に終始した。ただの一度も同席することもなく、障子の向こう側の廊下に座っていて、酒や食べ物がなくなりかけたらすぐに出せるように用意万端整えていた。したがってダイザーとシュワードは、彼女のことをずっと召し使いだと思っていた。教授夫人だと知ったとき、二人はにわかにあわてはじめ、夫人を仲間に入れようとした。何度も頼んだ結果、夫人はやむなく会話に加わってきたものの、相変わらず部屋の外に座ったままであった。伝統的なエチケットというものを私的な場で見るのは、これが初めてであった。こうした場面は料亭や待合では見たことはあったが、個人の家庭で体験したことは一度もなかった。もちろん高等教育を受けた人びとのあいだでは見たことがなかった。

一般的にいって、占領期間中に私が出会った日本人は、不愉快なことを話題にするのを避けようとした。戦争の話になると、必ずといってもよいほど、日本人がどう振る舞うか予想することができた。初めは、日本人は生まじめかつ誠実な態度で日本の過ちをわび、指導者が間違っていたとか国民が従順すぎたと言って悲しそうにうつむいた。会話が、戦争中に彼らがしていたことや、その家族がいかに過ごしたかというようなもっと個人的な事柄になると、いつも快活な笑みを浮かべ、自分の個人的な悲劇で他人をわずらわせるようなことは断固としてしないと決め込んでいるようであった。私はこのことに共感できた。しかし、日本人がともすると「夫はラバウルで戦死した」とか「二人の息子は中国で死んだ」と言ってから突然笑うのは、慣れるまで長い時間がかかった。

窮乏のなかで

博多での人びとの窮乏生活についていえば、われわれはいつでも自分の仕事や生活を差しおいて飛び出していった。もちろん、そういうことはわれわれの任務ではなかった。占領軍や日本政府のなかには、不幸を救済するための専門家がいた。ほんの少数の人びとに兵站部の食糧や煙草、キャンディなどの贈り物をしたことを除いては、私の役に立つことは何もなかった。

あれほど悲惨な戦争のあとだったとはいえ、引揚者、朝鮮人、家を失った人びとと同じような苦しみを誰もが味わったというわけでもない。平尾の人びとは立派な家で暮らしていたし、政府の配給が不十分で衣服はすり切れていたにしても、人びとはなんとかやっていくことができた。

このことは、芸者がはべる宴会や、そのほかの接待などにしても、同様であった。政府高官、出先機関の代表者、実業家といった人たちは、占領軍の関係者の接待に熱中した。これは、友情を示すため、アメリカ人をいっそう日本贔屓《ひいき》にさせるため、便宜を計ってもらうため、自分たちをもっとよく知ってもらうため等々、さまざまな動機からであった。「リンゴの唄」や「ユー・アー・マイ・サンシャイン」がはやっていたころのことである。

一部の人たちがうまく立ち回ったというのも、事実である。ヤミ商人については触れないことにしよう。彼らは特別の種族だったから。山中湖畔の別荘でさる有名な大学教授が、家族が戦争にそなえるためにいかにして食糧の缶詰や他の物資を自分の家の倉に運び込んだかについて、居合わせた人びとに自慢して語った楽しい一夜が思い出される。一家の金、銀、宝石を戦争の続行を助けることになるからと供出せずに隠し、その結果、戦後それらの品を持ち出すことができ、一家は安楽に暮らしているという話であった。

この自慢話を聞いた地方出身の若い婦人の顔に現われたぎょっとした表情は、いまだに忘れられない。涙を流しながら「戦争は悪かったかもしれません」と、その婦人は言った。「私たちは馬鹿だったかもしれません。しかし、私の一家は自分たちの貴重品のすべてを供出してしまいました」。彼女の気持ちに共感したげな客もいたが、「なんと馬鹿な人だろう」と思っているかのように憫笑する者もいた。

実際の日本語

外来語

私が外来語のレッスンを初めて受けたのは、ありふれた陸軍の食堂でだった。ある日の朝食に、煎り卵を食べようとしたが、煎り卵のことを日本語でどういえばよいのか思いつかなかった。そこで私は、ウエートレスに煎り卵の説明をした。――「タマゴヲカキマゼテ、ソシテヤクノ」。ウエートレスは熱心に耳を傾けていたが、やがてその顔が輝いた。「ああ、スクランブル！」と、彼女は言った。間もなく、正真正銘の煎り卵が現われた。

博多には、日本語を話したり日本人と親しく接することに関心を払うアメリカ人はほとんどいなかったから、できるかぎり接しようというこちらの欲求を上回って、われわれは引っ張りだこになった。シュワードは乱暴な言葉遣いに精通するようになった。ダイザーは博多弁を自在に操れるようになり、後に修士課程を終えるべくミシガン大学に戻ったとき、博多俄に関する論文を書いた。彼の流暢な博多弁がうらやましかった。私にできることといえば、せいぜい、いくつかの博多弁をはっきり識別できて、博多弁が洪水のように襲いかかってきても驚かないことだった。

初めて本物の懐石料理を食べたのは、海を見下ろす西公園にある料理屋でだった。ある夕方、その一帯を散歩していたとき、その料理屋の主人と口をきくことになった。すると、彼がわれわれを招待してくれたのである。これが、私にとって記念すべき食事、日本で刺し身を食べる最初の機会になった。

丁寧語の難しさ

われわれが抱えていた一つの重要な問題は、普通の丁寧語からきわめて上品な丁寧語まで広く教わっていたことであった。そのためともすれば、子供に対してすら、「さようでございます」といった表現で受け答えしがちだった。極端に丁寧な言葉遣い——あそばせ、くださいませ等々——は、たちまちのうちにわれわれの語彙から消え失せた。あまりにも徹底的に消えてしまったので、後になって、ある名家の子孫に誰かが〝殿様〟と言って身分相応の言葉で呼びかけるのを聞いたとき、私はやっとのことで笑いをかみ殺したほどであった。それにしても、最も丁寧な言葉遣いでさえ、皇太子と会見したときには用をなさなかった。A中隊で学んだ語彙には〝宮様〟用の言葉は入っていなかった。〝×様〟と、私が知っているなかで最も丁寧な言葉で皇太子に呼びかけたとき、困り切ったその家の主人は、あわてふためいて「殿下、殿下ですよ」と囁き、私の誤りを正してくれた。

人称代名詞

われわれはずいぶん格式ばった話し方の訓練を受けたが、だからといって、そういった話し方をすべてものにしたわけではなかった。アメリカ人にとっては、異なる代名詞を使ったり、時には動詞を変えたりしてまで人に話しかけるという考えそのものが、非民主的なものに思えたのである。これは事実はどうあれ、われわれの目には、日本という国が世襲の階級という封建的下地をもつファッショ的、身分階層的カースト社会、つまり少なくともはなはだ遅れた国として映ったからであった。

どういうわけか、教養のあるアメリカ人でさえ、英語だけを唯一の例外として、フランス語の tu — vous、ドイツ語の du — Sie 、さらにスペイン語の tu — usted のように、異なったレベルの二人称代名詞がすべての西ヨーロッパ語に普通にみられることを忘れてしまったようだ。そして、この区別が英語の話し言葉からなくなったのは、歴史的にいってきわめて最近のことなのである。

英語にも、thou と you のようにはっきりした区別があったことを知るのに、シェイクスピアまでさかのぼる必要はない。しかしほとんどのアメリカ人は、この事実を知らずに、またこれを過ぎ去った古代の出来事の一部のように考えて、日本語にみられる二人称代名詞を区別する用法を封建的遺物と公言したのであった。

ところが、ヨーロッパ語に親しんでいる者でさえ、ヨーロッパ語では区別は二種類なのに、相手によって五種類も六種類も言葉を替えて使う日本語は手に負えないという感じをもった。われわれがいつも悩まされたのは、どういう場合にどういう丁寧語を使うのか、相手に応じてお互いにどう呼び合うのか、どういう代名詞にどういう動詞が対応するのか、こういうことがわからなかった。

自分自身を指すのに、どんなとき「わたくし」と言い、あるいは「わたし」「ぼく」「おれ」、はたまた「おいら」「われ」などを用いるべきか。他人に話しかけるのに、どのようなときに「あなた」「あなたさま」「あんた」「きさま」「きみ」「おまえ」「てまえ」を使うのか。「行く」とか「来る」を用いずに、「まいる」とか「いらっしゃる」と言うのは、どういうときか。こういう表現を、ついに区別できなかった。

そして、実に長いあいだ代名詞や動詞や敬語の使い方を取り違えていて、これらの使い方をある程度ものにしたのも、ずいぶんあとのことだった。仲間のほとんどがこうした表現をなんとか操れるようになったといえるかどうかさえ、あやふやなものだった。せめてもの慰めは、日本の近代化とともに、これらの形式を支えていた社会的条件が崩れてきて、日本人でも若い世代には、丁寧語の使い方が難しくなってきたという事実である。

古い日本語

丁寧語の成績は芳しくなかったが、私にとって問題になったのは、実はこのことではない。むしろ、馬鹿丁寧な表現や堅苦しい表現を避けること、もっとくだけた話し方を修得することであった。陸軍日本語学校では、この種の訓練はなかったからである。単に「もってきてください」と言う代わりに、「もってきてくれよ」とか「もってこい」「もってきてちょうだい」などと言うことに慣れるのに、日本に来てから一年以上もの時間がかかった。

日本語学校では厳格に標準語のみを教えたので、方言についてもなんら経験がなかった。この弱味は、当然、私のように博多で生活した者にはそれだけ余計に痛切にこたえた。しばらくすると、博多弁にそれほどひるむこともないとわかって、やがて「行ってきんしゃい」などとさえ言うことができるようになった。前にも述べたように、われわれの仲間でこの段階を越えて本当に博多弁をマスターしたのは、たった一人だけだった。

われわれはまた、習い覚えた語彙にも古くさくなったものがあることを知った。それは、日系人教師の受けた教育が一時代前のものだったためであり、別の理由として、戦争直前あたりから占領時代の初めにかけての一〇年間に、日本語が急速に変化したことが挙げられる。われわれが教えられた専門用語のほとんどが明治時代にできたもので、明治時代の語彙は現代的な日本語や外来語にどんどん取って替わられていた。せっかく難しい語彙をマスターしたのに、それらを投げ捨てて、どういう英語の単語をその場所に当てはめ、どんな具合に別の発音をするかということを学び直さなければならなかった。

たとえば、「乗合自動車」とはいわずに「バス」というとか、「止まれ」に代わって「ストップ」、「牛乳」ではなく「ミルク」といった具合にである。「百貨店」という言葉は、どういうわけか発音しにくい単語だった。ところが忌々しいことに、この言葉はもはや使われず、「デパート」と呼んでいるという。

性に関する領域でも、同じことがいえた。「性」とか「性行為」「肉感的魅力」「色小説」などの言葉を丹念に修得してから日本にやってきて、こういう言葉が時代遅れでペダンチックな感じがするのを知った。「セックス」「セックス・アピール」「ラブ・ストーリー」などが、れっきとした日本語になっていることを知らされることになったのである。日本人の外国語の発音の仕方に慣れるのは、日本語そのものを聞き取ることよりも難しかった。

われわれが最も苦手としたのは、書くことだった。日本語学校で毎日書き取りがあったにもかかわらず、誰ひとり短い手紙一本書けるほどにも進歩しなかったし、ましてまともな文章を書くことなどできるはずがなかった。例外もいるにはいた。レオン・ハーウィッツである。彼は現在、ブリティッシュ・コロンビア大学の日本語の教授である。彼などはすでに日本語学校のころに候文を書くことができただけでなく、最初の日本滞在中に、師範について書道まで修めたほどである。しかし、大多数の者にとっては、それほどの域に達するのはいつのことかもわからないほど遠い未来のことにすぎなかった。

一九四六年も押し迫ったころ、私は日本民族学会から講演の依頼を受け、勇ましくも日本語で草稿を書くと申し出た。何ページも進まぬうちに——すでに一週間たっていたが

――私は匙を投げ、あとはローマ字にしてしまった。これには利点があった。なんといっても、ローマ字ならいちいち苦労して手書きにする必要はなく、タイプを打てばよかったからである。しかし、欠点もあった。というのは、そのあとまた仮名交じり文に書き直さなければならなかったのだ。友人の一人がこの辛気くさい仕事を引き受けてくれたが、文章体の日本語に直すために彼がどれほど訂正しなければならなかったかを知って、身の縮む思いがした。

日本を理解すること

結局のところ、われわれの訓練の欠陥は言葉の問題ではなかった。絶好の出発の条件(完璧ではないにせよ確かな)が与えられていたのだから、あとは自分自身の問題であった。勉強を怠ることなく日々の仕事のなかにまで日本語を使いさえすれば上達したのだし、そうしなければ上達もしなかったわけである。日本語学校の研修は、われわれに(少なくとも私には)日本人の生活については何も教えてくれなかった。日本の社会、政治、経済、田舎の生活、文学、教育制度について、私はほとんど何も知らなかったし、日本人の心理、価値観、社会的相互作用、思想などに至ってはなおさらだった。これらの事柄について学校から何も教わらなかったし、また、研修期間中手当たり次第に読んだ本からも何も得られなかった。

日本生まれの人や、戦前日本に住んだ経験のある人たちは、予期できる事柄についてはそれなりの考えをもっていた。陸軍専門訓練隊の研修を受けた者も、なにがしかのことを知っていたとすれば、それはたぶん自分たちの地域研究を通してであろう。ところが、私のように個人的に日本での経験がなく、日本について体系的に読んだり研究したりしたこともない人間には、何を予期したらよいのか見当もつかなかった。もちろん私は、残酷で悪賢く尊大で気違いじみた、ジャップという戦時中のステレオタイプは受け付けなかった。あえて付け加えるなら、このことは、私が直接日本について知っていたからではなく（何人かの日系人を知ってはいたが）、まがりなりにも人類学者として、一般にまかり通るステレオタイプを自動的に割り引いて受け取ったからである。

その一方で、私には読んだものからイメージをつくる以外に、手がかりがなかった。つまり、すでに述べたように、サンソムや朝河貫一の著書のようにおおむね歴史的存在になっているものや、エンブリーの社会人類学のように不朽の研究とされているものなどであった。そのころの私の日本人に対するイメージは、朝河のいう郷士と、幕末の志士と、超国家主義的関東軍の暴れ者が入り交じったものだったのではないかと思う。

農夫と『万葉集』

日本人と初めて実際に交際するようになって、戸を閉めた部屋のもの陰にも、外の廊下にも、どこにもこういうタイプの人びとが潜んでいないことに私は驚いた。たとえば農民は、私にとって一つの大きな啓示となった。太宰府の近くで初めて農民に会ったときのことは、いまでもはっきりと覚えている。数人連れで博多へ帰る途中、われわれは道に迷ってしまった。そこでジープを止め、道端の農民たちに道を尋ねたのである。

あたりの光景は、いかにも農村らしくのどかさと豊かさに満ちていた。日本人の顔つきさえしていなければ、ルーベンスの筆になる、陽気な農民の描かれた一幅の絵画といったところだった。たきぎを背負った老婦人たち、背負い籠に収穫物を入れた頼もしげな主婦たち、鍬や鎌を携えた男たち、小さな荷車を引いた馬——そして何よりも、このなんとなく集まった一団には、何世代にもわたる親密なつながりと、明日《あす》への憂いに煩わされないことからくる、どことなくなごやかな笑いと冗談とが満ち満ちていた。博多市内の気の滅入る様子を見たあとだったので、余計にそう見えたのかもしれない。

その農民たちの一人に道を尋ねると、彼はわれわれを道路わきのきれいな場所に連れていった。そして、小枝を拾って、固い地面に地図を描いた。それは専門家が描いた地図といってもよいほどの出来栄えだった。われわれが日本語を話せるのがわかるともっと打ち解け、しばらく雑談を交わした。太宰府が気に入ったかどうか、と。そのあと、彼は一篇の詩を吟じた。私はとてもひきつけられたので——そしてまた、私の日本語が詩を理解できるほどではないのと、彼の方言のせいでその詩がほとんど理解できなかったので——その詩を書いてくれるように頼んだ。後日、その農民が書いたものを私は友人に見せた。それは、こう書かれていた。

月夜《つくよ》よし　河音《かわと》清《さや》けし　いざここに
　行くも去《ゆ》かぬも　遊びて帰《ゆ》かむ

この詩がその町の商工会議所か何かの広報文などでなく、『万葉集』が出典だと知って仰天してしまった。なぜそれほどまでに驚いたのか、はっきりとはわからない。思うに、われわれの心のうちに、アジアの農民というものは無学の虐げられた農奴であるという固定観念があって、文字を使ったささやかな行為だけで衝撃を受けたのであろう。後に占領軍の農地改革計画にそなえて研究を重ねていたころ、日本の村々ではそれほど珍しくない非常に高水準の文化に再度出くわしたときなど、よくこの出来事を思い出したものである。ラテンアメリカ研究に入る前、私は合衆国内でかなりの期間、農村社会学の研究に携わっていた。そのときの経験を通してみても、一農夫が詩を吟じるような光景を目にするとは思いもよらなかった。

参与観察

慣習とか、相互作用の形態とか、生活の方法とかは問題ではなかった。というのは、こういう事柄は教えることは不可能で、記述することだけが可能だからである。これらの事柄を身に付けるには、ある期間、自分自身で経験するよりほかない。したがって、博多に滞在中の私の表向きの仕事は日本と大陸のあいだで交わされる電信・電話を検閲することであったが、本当の仕事は（本当の仕事などと呼べるなら）できるかぎり深く日本人の思想や文化のなかに入り込むこと、いわば日本人の皮膚のなかに食い込むことであった。誰かがこの仕事を与えてくれたわけではない。自分で自分に課したのである。

そして、直接日本と出会うことで、本質的に、これまでの研究が開花しはじめたのであった。とどのつまり、大学教授、やくざ、政府の役人、芸者置屋のおかみ、学生、飲み屋のおやじなど、あらゆる階層の人と会うように努めた。私の行く手に現われるものすべてにぶつかっていったし、新聞や本も読み、いつも新しい経験を探し求めた。つまり、人類学でいう〝参与観察〟を実行したのであった。この種の知識に関しては、個人的経験のほうが何冊もの書物よりも有益であった。

日本人の生活を理解するうえで最も問題となったのは、異なった人の場合でも、同じ人で時を違えた場合でも、どちらもが適用可能だと思われるような相矛盾する概念を調和させることであった。これこそ、ルース・ベネディクトが『菊と刀』のイメージによって解明しようとした事柄なのである。これらのイメージは、いずれも正しいのだ。問題は、これらのイメージを結び付けている奥深い根底を理解することであった。日本の女性は、大和撫子《なでしこ》というほど極端でなくとも、その行動は慎み深いだろうと想像していたし、当時は逆の極端ではなくて、まさしくその極に近いところで日本を考えていた。いかにも、日本の婦人は慎み深く、控えめで上品であった。

イメージの調和

しかしこれと同時に、娼婦や芸者と接して得た経験からとか、たまたま英訳されていたわずかな江戸文学の本を通してとか、日本人はアメリカ人のようにピューリタン的な遺物に縛られていないという観念などから生まれる、まったく異なった日本女性のイメージももっていた。

いったいどうすれば、慎み深さのイメージと、パンパンや娼家、バーや茶屋やレストランや飲み屋や芸者置屋のおかみたちとの折り合いがつけられるのだろうか。男の意を迎える（水商売の）世界にいる玄人《くろうと》の女性はさておき、どうすれば慎み深く上品なイメージと、漁村のがさつな女とか、下町や大阪の抜け目なく店を切り盛りする女性とを重ね合わせることができるだろうか。

日本で迎えた最初の夏のことが思い出される。蒸し暑い日で、田舎の女たちが胸をはだけさせて戸外を歩いているのを、初めて目にしたのである。さらに、初めて風呂屋や温泉の混浴を知ったときのショックも思い出される。多くのアメリカ人が、日本人の性に対する態度がいかにも率直で非ピューリタン的なので、まるで極楽にやってきたように思うのも不思議ではない。後には、おそらく外国人から野蛮人と見下されることを恐れたこともあってか、日本人はこうしたことに対して、もっと自意識を働かせるようになった。しかしわれわれとしては、あくまで日本の女性についての対立するイメージを調和させることが問題であった。これは単に、日本人でも、ある者は左、他の者は右という具合に分かれているということだけなのだろうか。それとも、日本の社会は、他の社会同様、ある程度まで異質分子を含んでいるということなのだろうか。これはよそ者に見せるための見かけだけの表現なのだろうか。同一人物が状況に応じて変化することなど、可能なのだろうか。

日本人にとって家というものが大事だと聞かされていた。しかし、仕事に打ち込んで家族と過ごしたりする時間などなきに等しい人びとがいて、彼らが人と会うときや娯楽を求めるときは、決まって家の外である。アメリカ人としては、これほど不可解なことはない。もしアメリカ人で〝ファミリー・マン〟と呼ばれる人物がいるとすれば、それは、できるかぎり家族とともに過ごし、人と会ったり楽しんだりするのは公共の場所でなく家であり、自分の社会的活動には家族を――子供は入れなくても、少なくとも妻を――参加させようとする人物が思い描かれるだろう。しかし日本人の家を訪ね、家の主人とだけでその夕べを過ごし、そのあいだ主婦は召し使い同然にせっせと食事や飲み物の世話をしているというようなことを見れば、いずれにせよ、われわれの〝ファミリー・マン〟のイメージとは無縁のものといわざるをえない。

われわれはまた、日本は敬虔《けいけん》で儀礼を重んじる国だということを、ふとした機会に読んだりすることもあった。神社や寺はいつも混雑し、祭りはにぎやかであっても、宗教に興味をもっている者はほとんどいないようにみえた。日曜日に教会に行くことが大切な慣行になっている国から来た者としては、宗教に対するぞんざいな態度をいたるところで見聞して、自分たちがもっている信心の定義と調和させることができなかった。禅僧が厳格な生活を送っているというイメージも、私が知り合った最初の人物によって打ち砕かれた。彼は俗悪で大酒飲みで女に目がなく、言うところの生臭坊主であった。私が慣れ親しんでいたのは、敬虔な牧師たちだったのである。

謙譲の美徳

われわれが抱えた問題でいちばん難しかったのは、日本人の友人や仲間がとる態度をどう理解したらよいのかということであった。たとえばアメリカ人は、日本人から、それも高い地位の人からさえも、尊敬の態度を示されて手もなく喜んでしまう。人間の本性からすれば、人がまじめに賛辞の言葉を並べた場合、その人が言いたがっていることや本当に気にかけている事柄は、その言葉が示すとおりのものと信じて不思議はない。しかしながら、これらの言葉の大半が形式的な丁重さの表われであり、エチケットであり、儀礼にすぎないことがわかると、それまでの態度は一八〇度逆転し、日本人を不まじめで不誠実だと責めることになる。アメリカ人は、この二つの反応を的確に判断するのがいつでも不得手であった。目上と目下、主人と客とのあいだの礼儀が理解できなかったのである。

日本では、尊敬の意思表示という意味もあって、客や目上の人に助言を求めることがしばしばある。一般には、「先生、ひとつ教えていただきたいのですが」という具合である。普通、話し手は話題にしている特定の事柄について、言葉どおり知識や示唆を受けたいと思っているわけではない。しかし、アメリカ人が同じ状況のもとにいるのと比べると、この場合の儀礼はあまりに異なるので、多くのアメリカ人は誤解して、自分たちが言葉どおり教えを乞われているものと思ってしまう。あまりに多くの人びとが、きわめて積極的にこれに応じたのである。

だから、アメリカ人が相手に喜んでもらおうとてきぱきと対応するために、当の日本人は話を遮るには奥ゆかしすぎて、結局、本当は聞きたくもない講釈をまたひとしきり聞かされる破目になるというような、滑稽なシーンがよく見られた。その代わりまた、アメリカ人は自分の話した内容が言葉どおりに受け取られていないように思ったときは相手をいぶかりはじめ、やがて、相手の日本人の礼儀正しさを見せかけのものと感じるのである。「日本人なんて信用できない」というのが、普通の反応であった。「彼らは親しげに振る舞うけれど、心のなかで何を思っているかわかったものじゃない」というわけである。

不可解な日本人

戦後間もなくのころは、自分自身や身内に起こった悲劇の傷跡は、多くの人びとの胸の内にまだ生々しく残っていた。アメリカ人だったら、人が自分の出会った悲劇について話すときはまじめで悲しげな態度で話すだろう、と予想する。ところが日本人は、自分たちの悲劇を語り、そのあとで、まるで浮かれたような様子で突如笑いだすので、私は大いにショックを受けた。「空襲で兄と子供二人が殺された」と語って、そのあと声を出して笑った男のことが思い出される。

この当時、日本に住んだ経験もないわれわれのような者にとって、このような笑いのなかに解消してゆく複雑な心理的要因を理解することは至難の業であった。こうした日本人の態度は、自分の問題を他人に押し付けることを避けようとする欲求を示すものであり、目の前にいるアメリカ人がもしかしたらその悲劇を作り出した張本人かもしれないので、おくびにも出したくないという気持ちであり、悲しい状況をなんとか通常の状況に引き戻したいという願いが込められていた。しかし多くのアメリカ人にとっては、このような行動は人間としての感情を欠いたもののように思えたのである。

言い換えれば、われわれに向かって伝えられた信号を解読することがほとんどできなかったのである。時には、日本人に対してアメリカ人のように行動することを期待し、彼らがそうしなかったとき、ともすれば彼らのほうに何か欠陥があるように思いがちであった。反対に、時には、日本人が自分たちとまったく異なっていることを期待し、期待が覆されれば覆されたで、同じように驚いた。われわれはいつも信号を間違って受け止めていたのである。

期待と現実のあいだに存在したこうした矛盾を調整するのに、長い道のりが必要であった。いくつもの要素をつなぎ合わせ、不ぞろいにみえる要素を一つの根拠に結び付けることのできる説得力のある理論を見つけるためには、時間が必要であった。こういう理解の仕方は、経験と観察と読書だけから得たものであり、決して日本語学校から研修用の教材といっしょに持ち込んだものではなかった。

占領のなかで考えたこと

欠陥（少なくとも私の欠陥）は、別のところにあった。日本の制度や体制についての知識が、いかにも浅すぎたことである。この知識が得られたとすれば、それは体系的な研究を行なったからである。博多で電信・電話の検閲の任務に従事していたころは、こうしたことはあまり問題にならなかった。しかし三カ月後、勤務地が東京に変わり、世論調査と社会学調査の責任を負わされたときにはじめて、私は自分たちの準備が不十分だったことを痛切に思い知らされることになったのである。

たとえば、世論調査の領域で、私は総理府（当時は、総理官房室とか内閣官房室とか呼ばれていたように思う）と終始いっしょに働かなければならなかった。しかし、総理府の役割——それが政府の機構上どこに位置するのか、その権限と管轄が何なのかなど——について、露ほども知識をもっていなかった。国会を通じて法案を提出する義務も負っていたが、国会の機能・構成、委員会の構造、立法過程のどれをとっても、なんの知識もなかった。これらはすべて、実地に勉強しなければならなかった。日本語学校では、これらについてなんの準備もさせられなかったのである。たとえば、日本の複数定員制単式記入法の選挙制度が、アメリカのいくつかの州で行なわれている複数定員制複式記入法や比例代表制とも異なるユニークなものであることを理解するのに、まるまる二年間を要した。

たぶん、たいしたことではない、といわれるかもしれない。結局のところ占領とは、一定の期間を通じて、われわれが格別知る必要もない事柄をほぼ全能の権力で行なうことであり、われわれはただ命令すればよかったのである。総理府のことを理解していようといまいと、議会の構造を理解していようといまいと、私の法案が通るようにしかるべく処置するのは日本政府内の私の同輩たちであった。これは、ある意味で事実であった。アメリカ占領軍の将校の多くは、このような立場に甘んじ、われわれが日本語を理解する必要などないと考えていた。しかし私は、そうは思わなかった。

親方＝子方制度

農地改革にかかわる仕事に取り組むようになったとき、私は、学生時代にイリノイ州南部で行なった農村社会学の調査や、南部の黒人分益農民やメキシコの農民と過ごした経験、人類学や農村社会学の分野の一般的な読書などを通じて得た知識を思い出して利用しようとした。しかし、これは間違っていた。たとえば、親方＝子方関係のように私の注意を引くことになった新しい現象を表わす語彙さえ知らなかったのである。私は人類学の理論的問題としての主―従関係や、地主《カシクエス》と人夫《ペオネス》やメキシコなどラテンアメリカにみられる統領《カウディリスモ》制は知っていた。また、南部の多くの地域で行なわれている奴隷制に由来する分益農とか小作農に、子分的要素が含まれていることにも気づいていた。

しかし、こうした知識も、私が岩手県や島根県、山梨県で観察した親方＝子方制度とはまったく異質なもので、役に立たなかった。幸運にも、私は良き師に恵まれていた。鈴木栄太郎や喜多野清一などを含む日本の一流の農村社会学者を顧問として迎えることができたのである。また、柳田国男と彼の数多くの弟子や協力者との連携を通しても、大いに得るところがあった。

これが、占領軍の実質上の地位に就いたわが同輩の多くが置かれた位置であった。あらかじめ知識と経験を有していたひと握りの人びととか、特殊な知識をもつ人以外は、実際に仕事をやりながら勉強しなければならなかった。私は、こうした訓練法に異議を唱えるつもりはない。多くの点で、これは数多くの分野で最も着実に物事を身に付ける方法である。しかし、日本語学校でいくらかでも予備的な勉強をしていたら、もっと有効に学問上の知識を修得することができたのではないか、と私は思ったのである。

第5章　日本語学校卒業生の系譜

占領政策と言語将校

陸軍日本語学校にしても海軍日本語学校にしても、そもそも設立の目的は、戦場における情報将校として敵の言語を使いこなせる幹部クラスの言語将校を多数養成することにあった。その任務は、捕虜の掌握・尋問から敵の記録の解読、さらに敵部隊への投降勧告までにわたっていた。言語将校の一部は戦闘地域に配属されることになっていたが、それと同時に、前線の後方で司令部や通信部隊において暗号の解読や敵の放送・新聞、捕獲した文書の分析に当たることになっていた。

限られた数の言語将校

言語訓練計画が期待されたとおりに成功したかということには、疑問の余地がある。一つの簡単な理由は、その任務に必要とされる数の言語将校が養成されなかったことである。陸軍日本語学校は、合わせて八〇〇人に満たない非日系人将校を訓練した。太平洋戦争の終結までに送り出された将校の数は五〇〇人に達せず、そのうちのごく一部が戦場において勤務したにすぎない。残りの者はまだ在学中で太平洋戦線へ出発するのを待っていたり、前線に配属されるべくハワイやオーストラリアといった後方部隊で待機していた。したがってどの時点においても、戦場にはわずか数百人しかいなかった。戦闘部隊の数からすれば、その数はきわめて少なかった。ほとんどの戦闘部隊は言語将校なしで戦争の全期間を、あるいはそのほとんどを行動したのである。

これに海軍の言語将校を加えたとしても、状況はあまり変わらなかった。海軍日本語学校は、約一二〇〇人の言語将校を養成した。しかし、後方にいる言語要員――いまだ訓練中の者、輸送途上にある者、後方部隊にいる者――と前線にいる者の人数のあいだには、陸軍と同じような開きがあった。そこで、敵と直接戦闘において接触しうる言語将校の数、たとえば太平洋諸島における海兵隊の上陸に際して使える人員は、きわめて限られていた。

言語将校の言語水準

もうひとつの理由は、言語将校全員が同じ程度に日本語に堪能ではなかったということである。言語将校の多くは、戦局の厳しい要請に見合った水準の日本語を操ることができなかった。普通、陸軍ではおよそ一〇人の日系人から成る一戦闘言語チームに一人の言語将校が配属された。そして戦闘情報の大半は、言語将校よりもむしろ日系人によって集められた。前にも触れたように、こうした状況はキャンプ・サヴェッジやフォート・スネリングでも厄介な問題を醸し出していた。この二つの日本語学校においても、日系人は自分たちが差別されていると感じていたのである。戦場からの報告も不公平感を助長していた。日系人の多くは、上官である将校たちの日本語より自分たちのほうがずっと優れていると思っていたし、場合によっては将校の言語能力を軽蔑しきっていた。

海軍には、日系人以外の言語要員しかいなかったから、戦場の言語将校にも二世兵士から成る戦闘言語チームを編成せざるをえなかった。

したがって、軍の言語訓練計画がどの程度成功したかについて、最終的な結論を出すことは難しいといえよう。言語訓練は一部の優れた将校を養成し、実際に彼らは期待された任務をよくこなした。しかしこの計画はまた、任務を満足に遂行できない将校も数多く送り出した。戦争中だったから、当初からある程度の無駄が見込まれていた。軍には戦局からして選択の余地はなかったし、どうしたら優れた将校を養成できるかということについての独自の考えもなかった。しかし軍は、できるだけ多くの人員を養成しなければならなかった。そのうえで、かなりの比率で優秀な将校が養成され、役に立つだろうと期待したのである。開戦当初においては軍は、日本生まれの者に少数の大学その他の特別の言語訓練計画出身者を加えることにより、日系人に完全に頼ることは考えようともしなかった。いったん一つのシステムが動きはじめると、中途で変更することは難しいものである。

言語訓練計画が実施に移された時点では、この計画をずっと先まで見通していた人はほとんどいなかったであろう。しかし、戦後の日本占領に際して、言語将校が中心的な役割とまではいかなくても、重要な役割を果たしてくれるであろうという漠然とした期待があった。もう一度繰り返すが、言語将校がそのような役割を果たしたかどうかということについては、かなりの疑問がある。彼らの戦闘における役割についてはすでに指摘したとおりであるが、なんといっても人数が少なかったのである。

占領に参加した言語将校

戦時中に養成された日本語言語将校およそ二〇〇〇名のうち、占領に参加した言語将校の数は半分にも満たないと考えられる。どのくらいの数の将校が占領任務に就いたのか正確な数字がつかめないが、ほぼ三分の一と推定しても、まだ多すぎるように思われる。まず第一に、言語将校の多くは終戦とともに除隊してしまった。どちらかといえば、初期に訓練を受けた人たちにそうした例が多い。終戦時に戦場や前線に近い部隊から直接日本にやってきた言語将校でさえ、軍隊にはしばらくのあいだしかとどまらず、大多数の者はその後、市民生活に復帰したのである。

私がいたクラスは陸軍の養成計画の最後から二番目のクラスであったが、クラスメートの半分以上が任官することを求めず、除隊したため日本を訪れることもなかった。除隊した者のうちごく一部は占領中の日本にやってきたが、ほとんどの者が身に付けた日本語を一度も役立てずに市民生活に復帰した。われわれのあとにフォート・スネリングに入った最後の研修生も同じだった。海軍の言語将校も、ほぼ同じような道をたどったものと思われる。

さて、ここでまた、日本語にどの程度習熟していたかということが問題になる。将校のうちの一部は日本語に習熟していたが、大多数の者はそれほどではなかった。卒業後も日本語を使う立場に置かれた者は実力を向上させたが、日系人チームを指揮したにすぎなかった将校や、後方部隊に所属したままで日本語を使う必要がほとんどなかった将校の場合は、日本語の力はたちまち衰えてしまった。

しかし、数や能力とはまったく別に、占領に際してもう一つの要因が非常に重要になった。専門的な知識である。言語将校の大多数はまだ若く、自分の専門分野といえるようなものをもっていなかった。したがって、彼らから言語能力をとってしまったら、占領にあたって貢献するところがほとんどなかった。いうまでもないことだが、言語は占領軍にとって最も重要なものではなかった。

占領の初期においては、主として軍・民双方の日系人に頼ったが、やがて日本人の側への依存を深めていった。アメリカが日本語の訓練に並々ならぬ努力を払った一方で、戦争中の日本では英語が排斥されていたにもかかわらず、日本語を話すアメリカ人よりも英語を話す日本人のほうがはるかに多かった。日本占領にあたって通訳になったのは、主として日本人であった。占領行政のどの部局も、通訳や翻訳から行政事務の処理に至るまで、日本語を使うために日本人職員を雇っていた。このため占領軍将校が通訳に頼りすぎ、その結果、通訳が占領政策に過度の影響を及ぼすのではないかという批判の声も上がった。ある程度まで、これは事実であったと思う。

日本人の世論、あるいは日本人がいろいろな問題についてどう感じているかということを占領軍将校が判断するにあたって、たいていの場合、日本人職員や日本人顧問から聞いたことだけに頼った。新憲法にはアメリカに発するものが多く盛り込まれてはいるが、占領下に遂行された多くの改革には、占領軍の各部局で職員もしくは顧問として働いていた日本人専門家の発言や考え方が反映していたことを、ここで指摘しておきたい。

言語将校で、政策を左右するほどの地位にまで到達したり、実際にそれができた者はきわめて少なかった。もちろん、全員がそうだったということでは決してない。言語将校のなかでも、自分の技能や経験を十分に生かせる地位に就いた者もいたのである。

占領初期のころ、私が最も魅力を感じたのは、フォービオン・バワーズの仕事であった。彼は終戦のときには少佐の位にあり、マッカーサー元帥の言語補佐官を務めていた。ところが、その地位では飽き足りないかのように、バワーズは絶頂期にマッカーサーの側近から劇場の検閲係へ自ら進んで転出した。彼は歌舞伎を担当したが、すでに戦前から興味を抱いていたのである。

占領当初は、歌舞伎は厳しい検閲下に置かれていた。歌舞伎は〝封建的〟であり、超国粋的であり、イデオロギー的に疑わしいものだとみなされていた。たとえ伝統的にどれほど定着したものであっても、アメリカ人からみて愛国心をかき立てたり軍国主義を助長するようなものは、すべて禁止された。仇討ち劇はもちろんのこと、争いだとか血や死の場面が出てくる芝居は、〝封建的〟だとして禁じられた。これは「忠臣蔵」のような古典が上演できないことを意味した。

バワーズは、歌舞伎の検閲係官として迎えられると、こうした状況を一変させた。偉大な古典を復活させたその勇気が、歌舞伎の復興と存続にきわめて重要な役割を果たしたのである。私にとってバワーズが取り組んだ仕事は、単に文化を扱うだけでなく、狭量な偏見に打ち克ち、歴史的な視野と人間的な基準を取り戻すという、うらやむべき仕事であった。後にバワーズは、二人の幸運な仲間にこの地位を譲った。一人はハワイ大学演劇科教授（その後、歌舞伎や能の台本をいくつか翻訳している）のアール・アーンストで、もう一人はニューヨーク出身の高校教師であるが、高い知的・文化的興味をもっている人であった。

余談になるが、だいぶあとになって、バワーズ（およびおそらくいま紹介した二人の友人）が戦後の歌舞伎の発展に果たした役割を巡って論争が行なわれたことを、私は知った。有名な女形《おやま》、尾上梅幸は近著『梅と菊』のなかでバワーズをきわめて好意的に描いているが、同じ女形の河原崎国太郎はその『女形《おやま》の道一筋』において、バワーズが古典に関心をもっていたことが歌舞伎の新生面の開拓を頓挫させたという理由で、彼の役割を否定的に評価している。

カート・スタイナーと法制改革

ほかにも、同じくらい幸運な任務に就いた者がいた。現在スタンフォード大学の政治学教授になっているカート・スタイナーは、法制改革に取り組んで重要な役割を演じた。カリフォルニア大学ロサンゼルス校の政治学教授ハンス・ベアワルドは、ＧＨＱの民政局にいた。その学位論文「占領下における日本人指導者の追放《パージ》」（邦訳『指導者追放』）は、占領下の追放措置の分析であり、彼自身もこの計画に参加していた。またある友人は、フォート・スネリングでハワイ出身の二世と喧嘩して刺されるという経歴をもっていたが、民間情報教育局（ＣＩＥ）の有名なインボデン中佐の下で働き、日本の新聞に厳しい試練を課した。その友人は、その後ＣＩＥを去ってフリーの新聞特派員になったが、ジャーナリストは金銭に恵まれないと悟り、実業界に入って金持ちになった。

そのほかでは、ごく少数の者が、民間情報教育局、経済科学局、軍政チームなどで修得した日本語の力によるというより、むしろそれぞれの専門的な技能や経験によって、重要な地位に就くことができた。クラスメートのソリス・ホーウィッツは、東京裁判の上席検事の一人であった。後に、彼はこの裁判の記録をまとめて刊行したが、この著作は長いあいだ英文の記録としては最も重要なものだといわれていた。A中隊でスナイダー大使と同級生だった一人は、東京裁判で弁護の側に立ったが、後年、東京で国際的な弁護士事務所を開いた。

世論調査と私

例外は多くないといったが、幸いなことに、私はそのなかの一人となった。私が博多生活を楽しみ、そのあいだにきわめて多くのことを学んだことは、読者がすでにご承知のとおりである。しかし、博多滞在中に多くを学んだといっても、そのまま電信の検閲をして過ごしたいとは思わなかった。

博多での生活が始まって四カ月ほどたったとき、陸軍日本語学校の幹部将校の一人が博多にやってきた。彼は私の履歴書を見て、私が人類学者であるだけでなく、世論調査についても実績があることを知った。そこで彼は、私にふさわしい専門的な仕事を探そうと言ってくれた。その結果、私は東京にあるSCAP（連合軍最高司令部）の民間情報教育局へ転任し、世論調査の準備を手伝うことになった。私の前任者は、海兵隊のジョン・ペルゼル少佐であった。彼は私と同じ人類学者であり、戦前ハーヴァード大学で日本語を（中国語と同じくらい）学んでいた。現在はハーヴァード大学の人類学教授で、ベストセラー『ジャパン・アズ・ナンバーワン』の著者エズラ・ヴォーゲルは彼の弟子の一人である。ペルゼル少佐が除隊してハーヴァードの博士課程に戻るために日本を離れるまで、私たちは数カ月間机を並べて仕事をした。この期間に、彼からは非常に多くのことを学んだ。それからすぐに私は、世論のなかにもっと広範な社会的な背景を取り込むところにまでこの仕事を広げるべきだと主張し、司令官の説得に当たった。その結果、私たちは世論および社会調査部（PO&SR）を設けることになった。結果的にそうなったが、こんなに素晴らしい仕事を手に入れられるとは夢にも思わなかった。

私は、自分の仕事は二つあると思っていた。世論調査と社会学・人類学である。世論調査のほうは、いわば公的な任務であり、サンプル抽出の技術から、面接やそれにまつわる訓練といったほどの経験しかもっていなかったとしても、なんらかの形で自分の知識を役立てることのできる仕事であった。もちろん、このような作業を通じて日本の世論について学ぶことはあったが、基本的には、特定の結果を得ることよりも技術的な訓練指導の水準を高く保つことに努めた。しかし、私のもうひとつの仕事である社会学・人類学の領域では、教えることよりも学ぼうと思った。

しかし、どうした風の吹き回しか、同僚の人類学者たちと取り組んだ最初の試みの一つは、学ぶことではなく、教えることになった。日本の学界が世界の学界から永年にわたって隔絶されているあいだに数々の理論的進展があったため、日本民族学会から世界の人類学の最近の事情について会員を前にして講演してほしいという依頼を受けた。私はこの講演を軽い気持ちで日本語でやることにした。

そこで、勇敢にも、講演の草稿を日本語で書きはじめた。一〇ページほど書いてゆくと、往生してしまった。だがその結果、私はそれ以来しばしば使うことになったある技術を発見した。どうしたのかといえば、ローマ字で日本語を書いたのである。こうすればタイプライターが使え、書く速度も大いに増すことができた。書き終えてから、誰かにローマ字を漢字仮名交じり文に書き直してもらい、同時に日本語の誤りを正してもらった。東京、京都、仙台の三回にわたって人類学者の集まりで講演をしたが、話をするたびに、前回の経験によって内容を改善することができた。しかし、そこで生じた一つの基本的な問題は、キー・ワードとなる術語があまりにも直訳されてしまっていたために、意味のズレが誤解を招いてしまったことである。

たとえば、人類学や社会科学では歴史を「通時的」に一般化することから一定の関係を「共時的」に述べるように移行しなければならないという、イギリスの人類学者ラドクリフ＝ブラウンの見解を説明するにあたって、私は「自然法」という術語を用いた。そのときはまったく気がつかなかったが、ドイツ観念論やトマス・アクイナスの思想あるいは神学における自然法の概念というものがあったために、際限のない論争を引き起こすことになった。そのため、講演録が『民族学』誌に掲載された。印刷された講演録を初めて目にして「自然法」などいくつかの不適切な用語が永久に誌上に残ることに気がついたときの戸惑いを、私はいまでも忘れることができない。

しかし、人類学、民族学、社会学、農村社会学および民俗学と触れたことは実り豊かな結果をもたらしたし、当時のこうした学会の指導的人物と知り合うこともできた。柳田国男に師事できたし、渋沢敬三とも親しくなり、日本の著名な学者（民俗学の関敬吾、漁村研究の桜田勝徳、石田英一郎、喜多野清一、小山隆、鈴木栄太郎等々）といっしょに調査を行なうという恩恵にもあずかった。これらの学者の多くはとても親切に私の相談相手や助言者になってくれたし、私の下で働かせるために学生を派遣してくれた者もいた。

農漁村の調査

私が行なった社会学的、人類学的研究のなかで最も重要な、少なくとも最も興味深い仕事は、一九四六年後半から四九年前半にかけて行なった農漁村三〇カ所に関する一連の調査研究であった。この期間は、思い出してみると、占領軍が日本政府に対して農地改革を徹底的に推し進めよと要求していた時期であった。同じ時期にもうひとつ思い出されるのは、漁業改革のことである。二つの改革事業が、占領当局の天然資源局（NRS）の下で行なわれた。当時の天然資源局を率いていたのは、ヒューバート・シェンク陸軍中佐であった。彼はGHQのなかでも高度な知識をもった数少ない専門家の一人であった。スタンフォード大学の地質学教授であり、戦争によって一時的に軍務に就いていたのである。NRSには農業技術や農業経済の専門家が集まっており、ニューディール初期にヘンリー・ウォレスが農務長官を務めていたときのように、実務家と学者が息の合った仕事をしていた。

天然資源局は、私が所属した組織に、準備中の農・漁業改革のために前もって背景調査をすること、また改革後に同じ場所におもむいて追跡調査をすることを要請してきた。農村調査にあたって天然資源局は、アメリカの指導的な農村社会学者の一人、アーサー・F・レーパーを招聘《しょうへい》していた。レーパーは農村出の南部人で、アメリカ南部における借地と小作労働に関して、その後論争を巻き起こすことになる大胆な調査を行なったことで知られていた（彼の最も有名な著作は『私刑の悲劇』と題されていた）。

レーパーといっしょに、私たちはアメリカ人と日本人の専門家を交えたいくつかのチームを作り、農地改革にあたって配慮すべき重要な事柄を研究するために、北海道から宮崎まで全国一五カ村を訪ねる調査要員を集めた。農地改革実施のおよそ一年半後、実際に何が起こりさらにどのような問題に注目すべきかを調査するため、私たちは同じ一五の村落を再訪した。

漁業改革計画の場合も同じであった。漁業権問題、漁業協同組合の結成、網元でない一般漁民が組合に参加しているか否かの調査を行なった。再度、私たちは全国の一五前後の村落を調査し、漁業改革のあとに何が起こったかを知るため、そのうちのいくつかの村を再び訪れた。

私たちがこの計画の進め方や成果にかなり重要な影響を及ぼしたといえるならば、満足できたであろう。しかし、大規模な政治上の計画がそれ自体の勢いをもって進むのは、残念ながら事実である。つまりこれらの計画は、基本的には政治的な狙いをもって進められ、実施の時期は基本的には学術的ではなく政治的な配慮によって左右されたのである。私は、こういうやり方が間違っているとは思わない。考え方、達成速度、実施の時期、優先順位などがまったく異なる学究的なやり方に、計画を当てはめようとすることよりも、ずっとよかったかもしれない。

私はまた、学者が、官僚、農民、組織の幹部、政治家など計画に加わった他の分野の人びとに比べて、とりわけ能力が優れ、知性が勝り、献身的であったとはいえないことを認めなければならない。私たちの調査がこの計画の進展過程にどれだけの効果を及ぼしたかについて、私は確信がもてない。おそらく調査の結果は、改革が進められた初期の段階には、占領軍側で立案や指令に携わった主要な人びとの一部になんらかの影響を及ぼしたにちがいない。しかし、調査の首尾はともかくとして、調査に加わった私たち全員に多大な影響を及ぼしたことは、疑問の余地がない。

アメリカ人にとって、こうした改革計画は〝日本〟を認識するために重要な役割を果たした。私たちは日本について活字で知っていたものを、自分自身の目で確かめることができた。日本について読書では決して得られない多くのものを発見することができた。さらに、私たちの力が限られていたにせよ、日本人同僚にとってはあまりに身近すぎて見過ごしていたかもしれないいくつかの相互関係や意味合いを発見できたかもしれないのである。そのうえ、私たち全員がそれぞれ内的変化を経験し、その後の人生に大きな位置を占めることになる出会いをもつことになった。

世論を扱う仕事では、世論調査研究の発展を助けることが自分の使命だと考えた。私は、世論調査が占領軍の日本人に対する理解を深めることと、日本の民主主義を強化するという両面で力があると考えた。単純化しすぎるかもしれないが、日本の政治の欠点の一つは指導者と一般大衆のあいだにギャップがあることであり、世論調査もしくは世論に正しい注意を払うことが、このギャップをせばめる役割を果たしうると感じた。選挙だけでは十分かつ正確な指標にならないと思ったのである。なぜなら選挙は、その時々の関心事や競い合う党派の組織力や経済力、さらに世論を支える真実の流れからまったく隔てられた他の多くの要因を反映してしまうからである。たとえ選挙が世論に近似していたにしても、選挙は何年おきかに行なわれるにすぎない。その間に発生する数え切れないほどの問題に対して、人びとがどう感じていたかを敏感にしかも的外れでない形で理解することはできないのである。そこで私は、上下の意思疏通の改善を図る有効な手段として、世論調査というものを考えていた。民主主義の土台が創られようとするときであったから、日本にとって世論調査はとりわけ重要な道具であった。

私の考え方は、いささか理想的にすぎたかもしれない。それにもかかわらず、私は当初自分の使命をこのように考えていたし、民主社会を築くにあたって不可欠な要素であるとみなしていた。したがって、後にこの分野を支配するようになった世論調査の商業的な側面や、より功利的な面についてはほとんど関心を払わなかったが、より重要だと思われた機能の面には目を向けていた。たとえば選挙の予想には、ほとんど関心がなかった。選挙の予想は、マスコミにもてはやされたし、民衆にとっても民意や大衆の知識の程度、国民生活に影響を及ぼす政府の立法や計画に対する態度に関する調査というよりも、スポーツ競技会や競馬といったようなものとしてみられていたからである。

世論調査の実態

戦前の日本には、私たちからみて世論調査といえるようなものは存在しなかった。思想やイデオロギーの調査は盛んだったが、それらは主として治安警備の性格を帯びており、〝危険思想〟の探索であって、民主的な世論調査とはほど遠いものであった。選挙に際して、警官が受け持ち区域を回って民衆の投票の意思を調べることは異例ではなかった。これは、ある意味で世論調査の一種だったが、私たちにすれば、そのようなことはまったく誤った調査であった。私たちはこうした正しくない調査を防ぎ、本来の健全な世論調査の発展を促したいと思っていた。

NHKの後援で全国からサンプルを抽出して行なわれた生活時間の調査は、聴取習慣や番組の好き嫌いを確かめるために企画されたもので、世論調査と類似していた。この類の調査のほとんどは、勝手に作成した恣意的なサンプルを用いて郵便アンケートによって行なわれていた。四季を通じての利用聴取時間の唯一の大がかりな調査は、聴取者の事情に合わせてより効率的に放送時間を再編成するのが目的で、個人的な面接によって行なわれた。

戦争が終わりに差しかかり、連合国の圧倒的な戦力と空襲が日本国民の自信を著しく揺るがせはじめたとき、同盟通信社がある種の簡単な世論調査を始めた。多くの場合、世論を集約するといっても都道府県や各地方の現地通信員の報告を要約しただけのものであったが、たまにはより本格的な面接調査も行なわれた。これらの調査によって得られた結果は、同盟の本社で整理され政府に報告された。しかし、政府の意向に反する調査結果が出たときは、隠蔽されたり、歪曲されることもあった。

人口統計がきわめて発達していた日本で、近代的なサンプル抽出による調査が大幅に遅れていたことは、不思議なことであった。私たちが世論調査で最初に試みたのは、サンプル調査法を積極的に導入することであった。たび重なる会議や打ち合わせ、実際の訓練、さらには調査の批判的評価、技術書や資料によって、またアメリカから熟練した調査員を呼び寄せることによって、世論調査の技術面での発達を計った。私たちはまた、世論調査にあたっては占領軍の経済科学局と共同で作業をした。経済科学局は、労働運動、消費者物価、賃金、そのほかの経済関係の調査の発展のために、日本政府を援助していた。一九四七年と、とりわけ第二次吉田内閣時代の一九四八年に、私たちは首相官邸において数日間、世論調査のあらゆる面にわたる大がかりな研究会議を開いた。内容はサンプル、アンケートの構成、面接方法、徹底的な面接、集計、分析などで、ハーバート・ハイマン（当時シカゴ大学のナショナル世論調査センターに勤務し、後にコロンビア大学に移って現在はウェズレイアン大学教授）、エドウィン・デミング（当時合衆国予算局におり、アメリカのサンプリング調査の代表的な統計学者であった。デミング賞で有名）ほか数人のアメリカからやってきた専門家とともに検討した。この計画の準備・予算担当責任者は、当時の内閣官房長官、佐藤栄作であった。

私たちは初めから、全国いたるところに雑草のように出現した多数の民間世論調査機関とは関係しないことにしていた。終戦直後の二年間に世論調査機関の数は一〇〇を超えたが、やがて三〇から四〇に減った。新しい調査機関が連日のように設立され、一方ですぐにつぶれていった。

私たちは、そうした調査機関に余裕さえあればできるかぎり協力しようと思ったが、基本的にはそれぞれの調査機関は自分でやっていた。しかし、特に新聞、通信社、京都の永末英一研究所（社会党の代議士になる前の仕事）、さらに大学人によって発足していた輿論科学研究所といった相当にしっかりしたものとは、緊密な関係を維持した。だが、占領軍の公式の機関として、私たちは政府機関が行なう世論調査業務に関係しなければならなかった。特に、内閣審議室との関係が深かった。政府は一九四五年、内閣審議室のなかに政府として関心のあるテーマについて調査を行なうため、世論調査を実施する機関を設立した。

日本には思想統制の歴史があったので、私たちは政府がほんのわずかでも世論に影響を及ぼしそうな印象を与えるものすべてに、深い疑いの目を向けた。調査を進めるにあたって、両立しえない二つの立場の板ばさみになって、私たちは悩んだ。一方で、私たちは世論調査を、民衆の意見を政府に伝達するとともに、政府の諸計画を民衆の要望に適合させる重要な手段として考えていた。だが他方で、日本政府を全面的に信頼してはならないと肝に銘じていた。理想からいえば、われわれが希望していたのは、政府および企業、政治その他の圧力団体から財政的に独立した民間の強力な調査機関が現われることであった。もちろん、現実はそれとは正反対だった。政府が最も潤沢な財力をもっており、マスコミがそれに次いだ（市場調査はまだ育ってはいなかった）。独立した世論調査研究所を支援できる、民間の財団や富裕な篤志家といったものも存在しなかった。

その結果、世論調査を行なうために、長い時間をかけて総理府を応援せざるをえなかった。調査の内容は、政府の諸計画を巡っての民衆の要望、知識、理解の水準、批判までを含む前提条件や諸要素を研究することであり、同時に狭義の「政治的なもの」をすべて排除することであった。たとえば、私たちは調査にあたって、人びとのイデオロギー的傾向、投票の意思やそれに類する事柄を調べようとは思わなかった。どこに境界線を引けばよいのかを決めるのは、難しいことであった。これは実際上の問題として、調査結果の濫用、秘匿、個人の身元調査に利用するのを避けるためであった。そこで私たちは、長い時間をかけて、政府の倫理綱領ともいうべきものを作ろうと努力した。この試みは、世論調査における総理府の職務を規制する法律を生むことになった（一九四九年法律第一二八号、一二八号。「国立世論調査研究所設置に関する法律」、一九四九年六月一日発効）。

この法律により、世論調査が民主的な政府にとって重要であることが認められ、政府からも独立した機関として、政治的支配からの自由、学問の自由を保障する国立世論調査研究所が設置された。研究所の運営は、社会学、心理学、政治学、統計学、世論、新聞社の調査部などの各学術研究団体によって選出された政府委員会の支配下に置かれた。初代委員長の小山栄三教授は現在、日本における世論調査と市場調査の長老となっている。委員会には、慶応義塾大学塾長、東京大学文学部長、同文学部教授、一橋大学の統計学教授、時事通信社の世論調査部長、毎日新聞社長が名を連ねていた。法律が制定されるまで、長い時間がかかった。そこで私は、数カ月のあいだ、当時の中央連絡事務所や国会のしかるべき委員会を通して立法化の仕事に従事することになったが、このことは日本の政治の仕組みを知るうえで大いに役に立った。

いまになって、これら自分がやってきたことのすべてがよかったというつもりはない。当時でさえ、私たちが強いようとした制限のすべてが必要だとは信じていなかった。世論の評価というものが民主的な政府にふさわしい任務であり、それゆえに、私たちは抑圧的であってはならないという考えをいっそう強めるようになった。しかし、私の上官で戦前和歌山の学校で教鞭を執ったことのあるドナルド・ニュージェント海兵隊中佐は、自分では日本をよく知っていると思い日本政府をまったく信頼せず、厳しい制限を課したほうがよいと信じていた。中佐の考えがいわれのないものだったとは思わない。日本政府による思想統制の歴史をみても、世論調査が単に思想を監視する一つの手段とか政権を握っている時の内閣への奉仕になりかねない、という可能性を考慮しないわけにはいかなかったからである。しかし私個人は、神経質になりすぎると感じていた。そうはいっても、私は中た佐に従わざるをえなかった。今日の日本における世論調査の隆盛は、私たちが当時課した束縛を苦にしているようにはみえないし、調査資料が濫用されているという印象もまったく受けない。

占領期間がほぼ終わろうとするころまで、私はこの夢のような地位に就いていた。その間に、軍を除隊することができるようになった。それまでは、将校といっても、最下級の少尉にすぎなかったから、私の待遇は決してよいものではなかった。しかし、間もなくして兵役を解かれると、ただちに私は准将待遇で民間人として雇われた。それは、私の生活ぶりと心の平静に大きな相違をもたらした。

占領期間中、今日では著名になっている多数の社会科学者が、世論調査局に所属して、最初の真剣な日本体験を味わっていた。ワシントン大学（セントルイス）の人類学者ジョン・ベネット、ミシガン州立大学の人類学者イワオ・イシノ、人類学者のタミエ・ツチヤマ（当時ハワイ在住）、社会学者デビッド・シルズ（現在、社会科学研究評議会にいるが、以前は『国際社会科学大百科事典』の編集長だった）、経済学者サム・ナカガマなどである。私はまた、人類学者クライド・クラックホーン、精神医学のフローレンス・パウダーメイカー女史、社会学のハーバート・ハイマンを含む多数のアメリカの著名な社会科学者を、相談相手として仲間に引き込むことができた。こうした学者が数カ月間日本に滞在し、そろって私に助言をしてくれたし、当時国際的な知的交流を求めていた日本の社会科学者とも幅広く接触することになった。

とにかく、私は日本語学校出身の一部の同窓生とともに、幸運にも例外的な存在であった。というのは、仲間のほとんどは、占領中のいくつかの限られた任務、おもに言語部門——連合軍翻訳通訳課（ATIS）や、対情報活動、G2（参謀第二部、情報・保安・検閲担当）、犯罪調査などの情報部門——に配属された。一般に、言語将校は占領下の日本において地味な役割を演じたが、彼らが本当に貢献したのは、実は別のところであった。

発展する日本研究

言語学校が当初の目的どおりに十分な成果を上げたとはいえないかもしれないが、予期せぬ方面で成功することになった。それは、第一に戦後の日本研究という学問分野を確立したことであり、第二に長いあいだ日米関係に重要な役割を演じることになった枢要な人材を生んだことである。

当時、もちろんわれわれは、何が起きつつあるのかわかっていなかった。しかし、われわれの時代における精神史のなかで、重要なエピソードとなる仕事に深くかかわっていたことは間違いない。この重要なエピソードとは、アメリカの学問における、そして世界の学問における、新しい研究分野を創造したことである。戦前のアメリカには、日本研究を専門的に行なうものとしては、わずかな数の研究所と学者が存在しただけであった。アメリカ以外の世界では、日本の植民地さえ除けば、皆無に近かった。

しかし、終戦後数年を経ずして、日本学《ジャパノロジー》という分野が突然のように出現した。一二の大学が日本研究の専門的な部門を設け、当初は数百人が日本や極東の歴史、社会、文学、言語、芸術などの講義を始めた。こうした仕事にかかわった人びとのうちの圧倒的多数が、初めのうちは陸・海軍の日本語学校出身者によって占められていた。

主流を占める言語将校

アメリカの日本研究においては、終戦から現在に至るまでの一世代以上にわたって、日本語学校の出身者が主流を占めてきた。今日、この世代はちょうど引退の時期に差しかかっている。新たに日本学を目指す人びとは、いずれも自分の出身大学や研究所で始めるようになっており、より高度な言語の修得は軍の組織――軍はいまもなおカリフォルニア州モンテレーにあるプレシディオに言語学校をもっている――とは別個の研究機関で受けている。

国防言語研究所は戦時中の陸・海軍の言語学校の流れを汲むが、現在、戦時中に立ち退かされたカリフォルニアに戻っている。モンテレーのプレシディオには巨大な施設があり、陸・海・空軍から派遣されてきた数千人の学生に三五カ国語を教えている。ここでは、軍の要請を受けて中国語、ロシア語、アラビア語を重視して、日本語にはさほど力を入れていない。フォート・スネリング時代に、私も教わった二人の〝センセイ〟を含む少数の教師が、日本語教育の灯を守りつづけているにすぎない。日本語は、もはや第二次大戦中ほどの重要性をもっていないのである。言語の修得を任務とする情報部員はともかくとして、カリフォルニアの各大学から派遣されたわずかひと握りの学生が現在ここで学んでいるだけである。アメリカにおける日本語教育の主流は、いまや大学、海外勤務言語研修所（外交官のための教育機関）や東京にある大学連合センターなどになっている。

コロンビア大学の場合

それにもかかわらず、日本語学校出身者の存在がいまだに目立っているのである。私の所属するコロンビア大学がよい例である。コロンビア大学の日本研究グループには、一五人の正規の教授が所属している。一人は日本で教育を受けた日本人（ヨシト・ハケダ教授）である。残り一四人はアメリカ人で、そのうち五人――文学のドナルド・キーンとサイデンステッカー、政治学のジェームズ・モーレー、歴史のハーシェル・ウェッブ、それに哲学のセオドール・ド・バリー（副学長を務めた）、日本文学のジョン・メスキル――は、ボールダーにあった戦時中の海軍日本語学校の出身である。経済史のジェームズ・ナカムラ、日本現代史のアーサー・ティーデマン、アメリカと東アジアの国際関係のリチャード・スナイダー、それに社会学の私を入れた四人は、陸軍日本語学校の出身である（ナカムラはフォート・スネリングにはいたが、A中隊にはいなかった)。四人の若い教授——政治学のジェラルド・カーチス、歴史のキャロル・グラック女史とポール・バーレー、それに文学のヴァン・ゲッセル——は、いずれもコロンビア大学の博士課程を修了しており、東京の大学連合センターで上級の日本語研修を受けた。このセンターは、アメリカの主要大学一一校の連合によって運営されている施設である。

コロンビア大学には、そのほかに、戦時中に日本語の研修を受けたが日本研究には携わっていない教授も三人いる。海軍で日本語を学んだ政治学のハーバート・ディーン、ヴァージニア州アーリントン・ホールのライシャワー通信兵団の養成計画で日本語を学んだアメリカ史のヘンリー・グラフ、およびチャールズ・フランケルである。海軍日本語学校出身のフランケルは、哲学教授であり、国務次官補として文化部門を担当していたが、悲しいことに一九七八年、別荘——趣味のよい家だった——で夫人とともに殺害されてしまった。

コロンビア大学の博士課程を修了した優秀な人材や志願者は、全員が東京の連合センターに派遣されている。彼らは出番を待って準備中であり、それはもう間近に迫っている。東京のセンターは、ちょうど初期のころの軍の学校がその役割を果たしたのと同じように、日本研究者《ジャパノロジスト》の新しい供給源になっているのである。

ワシントン大学の場合

私がかつて所属していたワシントン大学でも、状況はまったく同じである。二人の日本専門家――言語学と哲学を講じた〝漢字王〟レオン・ハーウィッツ（現在、ブリティッシュ・コロンビア大学教授）と歴史のロバート・ビュートー――は陸軍日本語学校の先輩である。リチャード・マッキンノンはアメリカの大学に進む前に、金沢の第四高等学校に行っており、日本語は母国語と変わらない。彼は軍の学校には入らなかったが、しばらくのあいだアーリントン・ホールで教壇に立っていた。政治学のジョン・マキもフォート・スネリング出身であるが、間もなくワシントン大学を去って、現在プリンストン大学で教えている。歴史のマリウス・ジャンセンは、ライシャワーが一九四二年にハーヴァードで始めた民間有事訓練計画（CAT）で日本語を学んだ。A中隊の先輩サムナー・マーカスもワシントン大学にいたが、ビジネス・スクールで教えており、日本研究にはかかわっていない。

すでに述べたように、戦時中、非日系人のために集中的に言語研修を行なった学校――アナーバーの陸軍日本語学校およびボールダーとスティルウォーターの海軍日本語学校（それに、一九四一～四二年のハーヴァード）――は、総計二〇〇〇人ほど（陸軍七八〇人、海軍一二五〇人）の卒業生を送り出した。ほとんどの卒業生は日本に行ったことがないし、日本とはまったく縁のない道に進んだ。たとえばサムエル・ストラットンは、海軍日本語学校を卒業したが、長いあいだ日本とは没交渉であった。彼は後年、ニューヨーク州選出の民主党議員として、日米議員交流計画を進めるにあたって重要な役割を果たした。ロバート・ハイルブローナーは、リチャード・スナイダーと陸軍日本語学校の同級生であったが、太平洋戦線で戦闘情報将校として働いた。しかし、占領中の日本を訪れることなく経済学の道に戻り、日本とは縁もゆかりもない経済学の大衆啓蒙的な著述家として国際的な名声を博している。私と同級生のウィリアム・アロースミスは任官することを拒み、古典文学者として第一人者となった。アロースミスが行なったギリシア゠ローマ古典の翻訳のいくつかは、決定版とみなされている。彼が日本語学校時代に着手した『万葉集』の英訳が完成していたならば、ギリシア゠ローマ古典と並んで権威ある業績になっていたにちがいない。

私と同じくシカゴ大学人類学部出身のウィリアム・マロイは、私が日本語学校に入る直接のきっかけを作ってくれた人物であるが、終戦時の日本行きには選ばれなかった。その代わりに彼は、考古学の道に戻り、アメリカ南西部とトール・ヘイエルダールのコンティキ号探検に関して注目すべき研究を行なった。陸軍のもうひとりの仲間ジョージ・ディメトリユは、フォート・スネリングを去ってヒューバート・ハンフリーの下で働くようになった。ハンフリーがミネアポリスの市長に選出され、政治家としてスタートを切ったときのことである。学位取得後、ハンフリーと同じように大学で政治学の教師になったが、上院議員に選出されたハンフリーと行動を共にするために教職を辞した。彼は後年、南米で外交官生活を送り、最後はワシントンのある調査機関で活躍した。ポール・ディーズィングは、シカゴ大学で博士号を取得し、母校の哲学教授になった。

学界に進んだり、日本とかかわりをもちつづけた人の数は、驚くほど多い。正確な数をつかむことはできないが私の推算では、卒業生の約五分の一が学究生活に入り、そのほとんどが日本を研究対象としている。つまり、二つの日本語学校が約四〇〇〇人の学者を送り出し、そのうち少なくとも二五〇人が、程度の差はあれ、日本とかかわったことになる。これらの人びとの著述を合計すると、著書二〇〇〇冊以上、論文だけでも数万篇になる。それほど多くの本や論文が書かれたことが祝福すべきことなのか忌むべきことなのかはともかくとして、数世代にわたる日本専門家や数万の研究者、そして政策決定者から一般大衆に至るまで、多大な影響を与えたことは明らかである。

私は二つのデータに基づいてこうした判断を下した。第一は、私のいたクラスの実態の分析によっている。追跡することができた九三人のうち、二六人が学問の道に進んでいる。行方を突き止めることができなかった六二人についてもこの比率を適用できるかどうかはわからないが、たとえその割合が相対的には低いとしても、二五パーセント以下ということはあるまい。海軍の卒業生に比較して、陸軍の卒業生で学問の道に進んだ者の割合はやや高いと私はみている。控え目に見積もっても二〇パーセント以下ということはない。二番目のデータは、行方を突き止めえた者のうち、A中隊の同窓生一三八人の名簿である。このなかでは、学者の割合は二三パーセントである。

二世卒業生

陸軍日本語学校はまた約六〇〇〇人の二世を養成した。学究生活に入った二世の割合はずっと低かったが、日本研究グループとそれ以外の分野に進んだグループの二つに大別することができる。以下、列挙してみよう。日本史のジョージ・アキタ（ハワイ大学）、日本文学のジェームズ・アラキ（同）、日本史のロバート・ササキ（同）、日本中世史のミノル・シノダ（同）、日本経済史のジェームズ・ナカムラ（コロンビア大学）、社会学のトム・シブタニ（カリフォルニア大学サンタ・バーバラ校）、人類学のイワオ・イシノ（ミシガン州立大学）、人類学のハルミ・ベフ（スタンフォード大学）、政治学のウォーレン・ツネイシ（国会図書館東洋部主任）。このほかに、少なくとも二五人いると考えられる。

数は少ないが、もっと小規模な日本語養成機関を出た著名な日本学者がいる。プリンストン大学のマリウス・ジャンセンはハーヴァードの民間有事計画で学び、日本文学のハワード・ヒベット（ハーヴァード大学）と中国思想史のベンジャミン・シュワーツ（同）の二人は、アーリントン・ホールの陸軍通信兵団の言語訓練を受けた。しかしこの二つの機関は、ボールダーやアナーバーほど徹底したものではなかった。

A中隊出身の学者

人類学――ジョン・コーネル（テキサス大学）、エドワード・ノーベック（ライス大学）、ジョージ・デヴォス、ポール・ボハノン（カリフォルニア大学バークレー校）、ウィリアム・マロイ、ロバート・マクナイト（カリフォルニア大学ヘイワード校）、ウォルター・フェアサーヴィス（アメリカ自然史博物館）。

政治学――ジョセフ・サットン（前インディアナ大学学長、故人）、ハンス・ベアワルド、ロジャー・スウェアリンゲン（カリフォルニア大学ロサンゼルス校）、アーネスト・ハーズ（同バークレー校）、ウェズレイ・フィシェル（ミシガン州立大学、故人）、フレッド・カーリンガー、カール・ランデ（カンザス大学）、ジョン・モントゴメリー（ハーヴァード大学）、ガストン・シガー（ジョージ・ワシントン大学）、カート・スタイナー（スタンフォード大学）、ロバート・テクスター、リチャード・スナイダー（コロンビア大学）。

歴史学――ロバート・スポールディング（ミシガン大学）、ウィリアム・チャンムブリス（ケンタッキー大学）、コンラッド・ブラント、ロバート・ビュートー（ワシントン大学）、ジョージ・レンセン（フロリダ州立大学、故人）、アーサー・ティーデマン（ニューヨーク市立大学、コロンビア大学）、ジョージ・トッテン（南カリフォルニア大学）、グラント・グッドマン（カンザス大学）。

地理学――デビッド・コーンハウザー（ハワイ大学）、ジョン・エアー（ノースカロライナ大学）。

法学――ダン・ヘンダーソン（ワシントン大学）、ソリス・ホーウィッツ（ピッツバーグ大学、故人）。

美術史――ジェームズ・ケイヒル（カリフォルニア大学バークレー校）、ハロルド・スターン（フリアー・ギャラリー館長）。

言語・文学・思想――ロバート・ブラワー（ミシガン大学）、ウィリアム・アロースミス（ジョンズ・ホプキンズ大学）、レオン・ハーウィッツ（ブリティッシュ・コロンビア大学）、ドナルド・ベイリー（アリゾナ大学）、ウィリアム・ブース（カリフォルニア州立チーコー大学）、ポール・ディーズィング、ロバート・ラングバウアー（ヴァージニア大学）、ウェイン・オックスフォード、フィリップ・ジェナー（ハワイ大学）、ハリー・シュナイドウィンド（デトロイト大学）、エドワード・コープランド（ミネソタ大学）。

社会学――ノーマン・ジェイコブズ（イリノイ大学）、ロバート・マーシュ（ブラウン大学）。

海軍日本語学校出身の学者

人類学――リチャード・ビアズレー（ミシガン大学、故人）。
文学・言語・思想――ドナルド・キーン、エドワード・サイデンステッカー、セオドール・デ・バリー（コロンビア大学）、ドナルド・シャイブリー（ハーヴァード大学）、ロイ・ミラー（ワシントン州立大学）。
歴史学――ロバート・シュウォンテス、トーマス・スミス、デルマー・ブラウン（カリフォルニア大学バークレー校）、オーチス・ケーリー（同志社大学）、ロジャー・ハケット（ミシガン大学）。
経済学――ジェローム・コーエン（元ニューヨーク市立大学）。
政治学――ロバート・ウォード（スタンフォード大学）、ジェームズ・モーレー（コロンビア大学）。
以上、列挙してみたが、完全なものではないことをお許し願いたい。それにしても、ここに挙げた人びとは、戦後のアメリカにおける日本研究者の中核を占めている。さらに彼らの多くは、日本でもその名前を知られている。彼らの著作が日本語で数多く出版され、それらが日本の学界に一定の貢献をなしたものと認められている。

なぜ隆盛なのか？

ここで、当然の疑問がわいてくるであろう。なぜ、外国人学者による日本研究が、外国人が日本についてどう発言し、何を学んでいるかということ以上に、日本人の興味を引くのであろうか？　私に言わせれば、理由はまったく簡単である。外国人学者の日本研究は、生っ粋の日本人の学者ほどの深みはないかもしれないが、いわゆる異質の「ものの見方」が持ち込まれているからである。外国人の学者は、歴史的現実に対して異なった展望と位相でものをみる。彼らは往々にして、社会についてのある一般的な仮説もしくは理論——近代化理論、社会変動、文化と個人の関係、封建制の性格、成人の行動に及ぼす幼児体験の影響、階級行動、国際関係における国家戦略等々についての——をテストするために、日本を一つのモデルとして使う。また彼らは、日本人の学者が研究したものでも、別の視点から社会現象の分析に異なった方法論を採り入れる。その結果、外国人学者による日本研究が、日本人の学者ばかりか一般大衆をも非常に啓発することがしばしばある。

ここで、ルース・ベネディクトの『菊と刀』が与えた衝撃について考えてみよう。ベネディクトはもちろん、軍の日本語学校の出身者ではない。事実、彼女は日本語が話せないだけでなく、日本を訪れたことすらなかった。それにもかかわらず、彼女の著作が与えつづけた知的な刺激は、外国人学者の業績として恰好の例といえよう。たとえ多くの日本人学者がベネディクトの特定の判断とまったく意見を異にしたとしても、彼女は日本人の価値観、社会構造、行動の枠組などの体系的な特徴を規定し、これを多くの日本人に知らしめた。日本人の学者がこういったことを知らなかったわけではないが、彼らは決して全体的な体系としてみようとはしなかった。ベネディクトの分析が、多くの異なった分野における日本人学者の成長に重要な影響を及ぼしたというのが、公平な見方ではないだろうか。

もうひとつの例は、ジェームズ・アベグレンの*A Japanese Factory*である。アベグレンも軍の日本語学校を出たわけではなかった。第二次大戦中、二十《はたち》にもならないこの若い海兵隊員はグアムと硫黄島で負傷した。短期間ではあったが降伏後の日本における軍務は、自分と熾烈に戦った人びとがどういう種類の人びとなのかという点で、彼の興味をかき立てた。日本で研究生活を送ったのち、一九五〇年代の初めにアベグレンは学術書を著し、日本人の雇用体系とみなしたものを概説した。この本は一九五八年、フリー・プレス社から一般の書籍にはみられないオフセット印刷で刊行されたが、アメリカでは日本研究の専門家を除いてごく一部の注目を浴びたにすぎなかった。

しかし、日本で『日本の経営』という書名で刊行されると、瞬く間にベストセラーにのし上がった。刊行後一〇年間で、二〇刷以上の版を重ねている。アベグレンが書いていることのどこをとっても日本人には目新しいことはなかったが、全体的な体系を構成する概念は、日本人がどれもこれも当たり前と思っていたことに、新鮮な光を投げかけていた。

アベグレンの論文は、今日に至っても論議の的になっている。人びとは彼の考え方に、賛成するか反対するか、さもなければその考え方を修正しようとするか限定しようとするか、あるいは言い直そうとするかした。いずれにせよ、人びとは彼の理論から逃れられない。アベグレンの研究は、日本の産業社会学関係の学界においては、日米を問わず中心的なテーマとなっているのである。

それほど目立たないところでは、ジョン・ホールの地方史の研究がある。彼は大名の権威の家族的基盤といった概念を思いついたり、日本とヨーロッパの封建制の比較分析に基づいて封建制の再定義を行なったりしたが、その業績は今日でも大きな影響力をもっている。

「批判的」集団

軍の日本語学校が、学者に単に日本語教育を施して研究のきっかけを与えただけでなく、来るべき日本研究を前にして最小限の必要と思われる人材を養成する役割を担ったことも、忘れてはなるまい。特に重要な点は、われわれが体験に裏打ちされた高揚した「エスプリ」をもっていたことである。戦時中や終戦直後の時期に重要な任務を遂行することになったので、日本学者はもはや自分を陽の当たらない分野の陽の当たらない学者と考えることはなくなり、自分の研究分野や関心事が学界でも重要な位置を占めると考えるようになったのである。戦前は両手の指で数えられるほどのひと握りの学者に代わって、数百人の日本学者が登場した。そして、この時点で生まれた日本学の奔流は、現在に至るまで衰えていない。

軍の日本語学校は、一般に、新入生の入隊にあたって最高の知能指数の所有者だけを選別したのであるから、卒業生の多数が、学界ばかりでなく、さまざまな知的専門分野に進んだのも当然のことであった。数多くの者が、著述、ジャーナリズム、出版、映画・テレビの制作に進んだ。おそらく一五パーセントぐらいは弁護士になったのではないか。日本語学校の同窓生の全体像をつかむことも確かに興味はあるが、彼らの大半は日本と関係しない分野に進んだので、ここでは簡単に触れるだけにしたい。

日米関係と言語将校

軍の日本語学校は、日米関係にもうひとつの重要な貢献をしている。戦後間もなくのころ、日本人と話ができ、アメリカの枢要な地位にある人びとと意思の疎通を計ることができるアメリカ人中堅幹部が存在したという事実が、大きな意味をもった。戦後一〇年、二〇年のあいだに、日米関係は全般にわたって進展し、両国のあらゆる分野の人びとがそれにかかわり合うようになるにつれ、言語学校の卒業生の役割は以前に比べて低下した。これは当然のことであるが、それにもかかわらずわれわれ卒業生は、両国間の交流の全域にわたって、重要な役割を果たしつづけているのである。

日本語学校出身の外交官

このことは、日本との関係がより密接な専門分野に進んだ人びとの場合に際立っている。

この種のグループのなかで最大のものは、政府の仕事や国際的なビジネスに携わった人びとのグループである。たとえば、つい最近まで在日アメリカ大使館で公使を務めていたウィリアム・シャーマンは、ボールダーの海軍日本語学校の卒業生である。デビッド・オズボーンも、同じく公使を務めたあと、香港のアメリカ総領事、ビルマ大使を歴任した人物で、やはり海軍の言語将校であった。一九七四年の夏、私はトラック島のインターコンチネンタル・ホテルで偶然オズボーンと出会った。太平洋戦争中に彼自身が日本軍と戦った場所を妻子に見せるために、旅行しているということであった。

ジェームズ・ウィッケルは国務省の最も優秀な（そして、長いあいだ唯一の）同時通訳官であったが、われわれのクラスでは最年少だった。デトロイトのアイルランド人居住区からやってきて目を輝かせていた赤毛の彼が、いまでも目に浮かんでくる。彼は占領初期に日本人女性と結婚し、外交官として独自の道を歩んだ。ケネディ＝池田会談以来、米大統領と日本の首相の会談には常に公式通訳官を務めていたが、一九七八年、五十歳の若さで東京で死去した。

現在、沖縄のアメリカ総領事を務めているウルリッヒ・ストラウスは、日本に亡命していたドイツ人で、彼の日本語の抑揚は学校中の羨望の的であった。私がA中隊に入学したとき、彼は十七歳になったばかりで、まだ軍隊に入ることはできなかった。当時の徴兵年齢の下限は十八歳だったからである。ウリーはその後リッキーと呼ばれるようになったが、十八歳の〝魔法の年齢〟に達して同じ軍服を着るまでの数カ月間、幸せなことに軍役に就くことなく、われわれと机を並べていた。彼は日本、ドイツ、そして現在は沖縄で、外交官として名をなしてきた。

トーマス・シュースミスも東京のアメリカ大使館で公使を務めていたが、これも陸軍日本語学校の卒業生の一人である。リチャード・スナイダーは東京で公使を務めたあと、韓国駐在のアメリカ大使になった。彼はA中隊の第一期生である。

実業界の言語将校

ほかにも多くの人びとが、程度の差こそあれ、日本と関係のある分野に進んでいる。私がいたクラスだけをとっても、何人かいる。ウィリアム・ダイザーは長らく東京のデュポン・インターナショナルの総支配人を務めたが、現在はアーコ化学・ジャパンの社長となっている。バーク・ピーターソンは日本滞在の半ばを製薬会社のH・R・ロビンズ・インターナショナルの仕事で過ごし、メレディス・ウェザビーは西欧の読者に日本関係の質の高い図書を提供する出版社、東京のジョン・ウェザーヒルの経営者である。A中隊の第一期生の一人、マイケル・ブラウンは、東京で弁護士を開業している。

現在のこうした事象も、その源を探ると、すべて過去三五年から四〇年のあいだにさかのぼることができる。陸軍日本語学校（海軍も同じである）の最初のクラスは一九四一年後半に始まり、最後のクラスは一九四五年に始まった。そこで養成された人びとは、いまや五十代から六十代に達している。一番上の世代では、この世を去った者もいるし、現役を引退しようとしている者もいる。すでに後継世代が登場して、ひのき舞台で活躍する出番を待ち構えている。新しい世代の経験はまったく違ったものになった。われわれにとっての日本は、多くの段階——最初は追い詰められて戦う敵、次に敗れ打ちのめされた国家、それからアメリカの保護下にある被占領国、その次に独立した半保護国、そして最後には独立した大国——を経た国であった。たとえ立場は違っても、こうした戦後の日本の歩みこそ、われわれが日本の戦中派と共有する経験なのである。

第二世代から第三世代へ

しかし、われわれを引き継ぐ世代は、このサイクルの後半の部分で日本を知ったわけである。新しい世代にとっての日本は、はるかに明るい日本である。彼らのイメージのなかには、敵意や戦争がもたらした暗い影は存在しない。

たとえば、『朝日新聞』が連載した合衆国と日本に関するシリーズは、後に単行本（『日本とアメリカ』）にまとめられて出版されたが、このシリーズの初めに、世代による日本とのかかわり方の相違が取り上げられている。自分が受けたインタビューのなかで何を話したか正確に思い出せないが、私の発言をどう引用しているか紹介しよう（私は「第二世代」

の代表として書かれている)。

私たちは、程度の差こそあれ、戦争の記憶にいやおうなしに影響されている。われわれの心の片隅に残っている警戒心が、かつての敵として日本人への親近感や占領中の日本人に対する責任感と結び付いて、時に私たちをお節介やきにしたり、同じことでもアメリカ人に言うのと日本人に言うのとでは別のものになるのである。第三世代の日本学者の態度は、対照的に、もっと距離があり、抽象的である。

第三世代は太平洋戦争の影がいつかは消えることを知っている。第三世代は誰も、君たちを教え導いてやろうという先輩たち(それはわが第二世代のことである)の恩着せがましい態度を持ち合わせてはいない。彼らは、日本を研究の対象として、直截に、冷静に、客観的に近づく。

〔*The Pacific Rivals——New York and Tokyo*(太平洋の好敵手——ニューヨークと東京)〕

他人の発言を概括する場合に共通していえることであるが、この記述には疑いもなく一面の真実がある。だが全体をみると、誇張しすぎているように思われる。われわれが敵対関係を強く意識した戦争の申し子であることは、いうまでもない。それにもかかわらず、戦場という地獄から日本に到着したばかりのアメリカ兵士の典型的な経験をみると、すでに詳しく述べたように、敵意に満ちた態度が瞬時にして、まったく違った何ものかに道を譲ってしまうことがしばしばある。ある程度まで、これは日本人の敵意を見せない、友好的でさえあった挙動や協力的な態度、さらに看過してはならないことは、アメリカ人に対する媚《こび》やへつらいのせいであった。ぞっとするほどまでに敵意をたぎらせていた古参兵も、自分の気持ちのもってゆき場がなくなって瞬く間に友好的になり、彼らのうちの何人かはいよいよ帰国するにあたって、日本贔屓にさえなった。

自分たちがかかわりをもった国を贔屓するようになるのが、アメリカ人のおかしな性格である。おそらく、そうした入れ揚げ方は生来の天性がなせる業なのであろう。

たとえば、戦前、国務省には「中国派」と「日本派」があって、ことごとに対立していた。日本に対して敵意を燃やしていた中国派は、強硬かつ懲罰的ともいえるほどの戦後処理を望み、天皇制の廃止といったような思い切った解決策を強《し》いようとした。一方日本派は、日本の上流社会と付き合い、日本人の生活実態に対してずっと宥和的かつ慎重な扱いをすることを説き、天皇制の存続にも好意的であった。

巨大な権力

占領に従事したアメリカ人の多くが、自分たちの統治した国を贔屓するようになるのは、まったくそのとおりであった。占領に携わったアメリカ人は、しばしば日本人と親密になりすぎ、帰国せざるをえない破目に陥る者もあった。これには、とりわけ責任ある地位に就いたアメリカ人にとっては、なんらかの理由が存在する。

多くのアメリカ人が、突然巨大な権力をもつ地位に就かされたということを思い起こすべきである。これは、時には日本政府の最高の地位にある官僚に与えられる権力よりもさらに大きな権力であった。彼らの地位のあるものは、閣僚に匹敵するか、さもなければ閣僚に次ぐほど高かった。こうした地位に就いたアメリカ人は、そのような高い地位に就く資格を満たす条件をほとんど持ち合わせていなかった。だがそれにもかかわらず、彼らが驚異的な能力を発揮して事を処理したということは、注目に値しよう。

たとえば、ウォルフ・ラデジンスキーのごときは、終戦まで農務省の海外農業局で地味な地位に就いていたが、日本の農地改革の父というか、ゴッドファーザーになった。その立場にあって、ラデジンスキーは農林大臣並みの権限をもち、参謀総長（当時はマッカーサー元帥）の最高の助言者であった。

セオドール・コーエンの場合は、当初、経済科学局（ESS）労働課の課長であった。彼がこの地位に就くときの唯一の公的な資格は、コロンビア大学の修士論文で日本の労働運動史を取り上げたということにすぎなかったが、戦後の日本の労働関係の分野における基本的な改革のすべて——一九四五年の労働組合法、四六年の労働関係調整法、四七年の労働基準法——の制定に貢献した。二十代半ばの若者にとって、こうした改革は特に克服すべき大きな政治問題を抱えていたからきわめて立派な仕事だった。最終的には、一九四七年の流産した二・一ストの責任をとって労働課長の職を辞任し、経済科学局局長マーカット少将の労働問題の顧問に祭り上げられた。

占領の上級責任者の多くが、日本について、とりわけアメリカ本国から絶えずかかってくる多くの圧力に抗して、強い責任感と確たる保護者意識を感じていたことは驚くにあたらない。そのうちの何人かが、日本人に対していわれのない大げさな忠告を与えすぎたこともないではなかった。しかし、真剣だったにせよ、おためごかしだったにせよ、彼らがたびたびこの忠告を求められたということは忘れるべきではないし、こうした習慣は軽々になくなりはしない。いずれにせよ、占領下で責任ある地位に就いていたアメリカ人は、たとえ閣僚並みとまではいかなくても、日本で起こるあらゆる出来事にできるかぎりの注意を払っていた。私はいつも午前中は、入手できるニュースのすべてを読み、ラジオで聞き、オフィス内を回覧されているレポートを手中に入れるまでは、ひと息つくこともできなかった。われわれは、日本で起こっているすべてのことに巻き込まれているか、さもなければ結び付けられているという感じをもっていた。

私は熊本、あるいは秋田で何が起こっているのか知ろうとした。新潟の経済情勢の変動を理解することが、自分にとってきわめて重要に思えた。京都の高等学校就学率が特に重要性をもっているように思えた。さらに、北海道の留萌や増毛の早春の鰊漁場の状況も知っていなければならなかった。こうしたことすべてが終わっていざ帰国ということになると、すっかり気落ちしてしまった。初めて帰国するときその途上で突然身を襲った虚無感は、いまでも忘れられない。それは、ニュースに接するときのあの生き生きとした緊迫感を失ってしまったのに気づいたときのことである。

これらのことが、占領に従事した言語将校や学者、その他のわが世代の経験の一端である。『朝日新聞』のいう「第三世代」は、戦争や占領については歴史書以外では知りえないのだから、気づくことがないのである。

日本人を認識する

どのような事例を出してもよいのだが、われわれには疑問の余地のあることとか、いまだに奇妙なこととして感じる数多くの事柄を、彼らは当然のこととして受け取っている。高価な流行《はやり》の衣服を身に着け、清潔できちんとした身なりの日本の少年少女を見るにつけ、終戦直後、彼らの父母、祖父母が身にまとっていたみすぼらしく不恰好なあり合わせの衣類のことが、私の脳裏に浮かんでくる。

一九四六年の末か四七年の初めごろ、戦後の絶望的な物資欠乏状態のなかにもわずかな余裕がみえはじめたころのことであったが、私はある著名な東大教授（あえてその名を伏せよう）といっしょに散歩に出かけた。虎ノ門で道を横切ろうとしたちょうどそのとき、

K教授は私のほうに向き直り、私が着ていた平服の上着の布地に触らせてほしいと言った。

「こんないい生地！」と、彼は夢見心地で上着を指でなで回しながら言った。

「いくらでしたか？」

「三〇ドルです」と私は答えたが、当時これは一万円をちょっと超えたぐらいの額で、ゆうに彼の一カ月分の給与に相当した。

「僕に一着買っていただけないでしょうか？」と、教授は私に頼んだ。実際には、私は彼の依頼にこたえることができなかったが、一着の上着にまるまる一カ月分の給与を使うことをいとわない彼の気持ちに、強い印象を受けた。これこそ、私にとって初めて、戦後というものが〝溶解〟しはじめる兆しのように思われた出来事であった。

若い世代のアメリカ人は——日本人もそうであるが——こうしたことを当然のことと受け取っている。彼らは、日本人が身ぎれいに、それも高価なものを着ていることを、ごく当たり前のこととみなしている。私には、決してそうは思えない。

ほかにも、私の目には二重映しの像が浮かんでくる。たとえば、気むずかしげな若い女性が、御飯を半分も食べ残した茶椀を脇に押しのけるのを見るときなどがそうである。私には、茶椀の御飯を一粒も残さずに食べることが、かつてはどれほど大切なことだったかが思い出される。あるいはまた、街なかやテレビで見かけるでっぷりと太った日本人、はたまた減食のための学校や講習会、さらに食事制限のことなどを見たり読んだりするときもそうである。これらは、今日の若者にとってはなんの違和感も感じられない事柄のようにみえる。しかし、私にとってはそうではない。

若い世代のアメリカ人研究者は、現代日本にこれほどまでに目立っている騒々しくけばけばしい、かつ気ぜわしくクロームメッキの合成物のような光景を当然視し、改めて顧みない。私にはそれができない。戦火に打ちひしがれた当時の日本においてさえ、生活の基調が自己抑制や静かな物腰、さらに渋みのようなものにおかれていたことを私は思い起こし、そしていぶかしく思う。ああいうものはみなどこへ消えてしまったのか、と。

私はいま、この原稿を東京で書いているが、ちょうど目の前には、古い家並みが孤立した小さなひと固まりとなって、おぼつかなげに、わずかばかりの緑にしがみ付いているのが見える。その周囲を、コンクリートやガラスや鋼鉄の巨大な塊が、あざやかな白や青、金属質な銅色や、緑色、芥子色、赤褐色や渋いラヴェンダー色など――どれも、スモッグでいささか汚れているが――さまざまないらだたしい色彩が取り囲んでいる。しかし、これらの生き残った古い家ですら、すべてペンキが塗られ、時には屋根瓦が青であったり、トタン葺きになってしまった。

旧き日本から豊かな日本へ

初めて日本の土を踏んだとき、私は、ペンキを塗らない生の木肌がいかに美しいものか、ということを発見した。私には一つの啓示のように思えたのである。今日、田舎を訪ねると、どの家もペンキを塗っている。そこここに白木が散見されるのは、審美眼からそうしたというよりは、たまたま貧しくてペンキを塗ることができなかったからにすぎない。

私の気にいった漁村が千葉県にあるが、かつてそこでは、屋根瓦はどの家も土色であった。しかし今日では、一変してしまった。一〇年ほど前のことになるが、商売上手のセールスマンが、これまでのくすんだ土色の瓦をやめて屋根をもっと〝カラフル〟にすべきだと、土地の人びとをまんまと説き伏せてしまったのである。したがって、金回りがよくなるやいなや、彼らは古い焼き物の瓦を、けばけばしいブルーの瓦に取り換えてしまった。初めて生活にゆとりができた家族にとっては、華やいだ色彩の屋根は当世風のしるしであり、彼らがその当世風をやり遂げたことを近所や世間に知らせる合図であった。

しかし、私にしてみれば、世界に貢献していたもののなかで最大のものである旧き日本の美が、またひとつ消え去ったことでしかなかった。それはあたかも、渋みという旧い美意識が、磨かれた審美眼によってつくられたものではなく、単に物資欠乏と貧困の現われにすぎなかったかのようである。日本人が貧しかったころは、伝統的な美意識が行き渡っていた。豊かになるにつれ、国全体が成金趣味になりがちである。

これらの例は、繁栄する現代日本をみるとき、私の世代の胸の内に二重の思いが重なり合う。われわれは、アメリカにおける日本研究に、とりもなおさず世界の学界に強い影響を与えてきたし、また日本の学界自体にさえも自国の社会に対する見方について、ある程度の影響を与えてきた。アメリカと日本の関係のなかで、地味ながらも重要な役割を演じてきたのである。この関係のなかに、われわれの、明と暗、実体とその影とをごた混ぜにした見方を持ち込んでしまったわけであるが、あとに続く世代は、同じような経験ではなく、彼ら自身の経験を両国の関係のなかに持ち込んでいるといえよう。

日本語学校の功罪

最後に一言、われわれの日本語学校における経験は、社会やさらに世界にとって重要なものであったのだろうか、それともそうではなかったのだろうか。その判断は、ある意味において主観的なものであり、ある意味において今後の成り行き次第である。しかし、そこから巣立った者にはもちろんのこと、おそらくは、われわれの行動の影響を受けたかもしれない数多くの人びとにとっても、日本語学校は疑いようもなく重要な存在であった。われわれ自身は、この経験によって、入学当時の自分とはまったく別人となって卒業したのである。

たとえば私だが、私は〝気を長くする〟ことを学んだ。肩の力を抜くこと、自分のペースの守り方、お互い無言での働きかけ合い、困難な状況下での沈着と平静の保ち方を学んだ。今日の、せっかちでくつろぐことを知らぬ日本人という評価が当たっているとすれば、私がこれらの事柄を日本人から学んだなどとは信じてもらえないかもしれないが、そのせっかちをひと皮むけば、日本人の多くはまだまだ、くつろぎ方を知っている。それを知らない人たちは、伝統的な美意識を失うに等しい、取り返しのつかない損失を経験しているのである。

同じように、私は慎み深い自己抑制の美徳というものも発見した。心の内はかならずしもあらわにすべきものではないし、その奥深い秘密を、激情の存在を示さんがため、あるいは誠意を表わさんがために、喧伝する必要はもとよりない。さらに、個人が抱えている問題、悩み、苦痛については、求められないかぎり口をはさむべきではないということも知った。言い換えれば、〝思いやり〟すなわち他人への配慮ということの、別の側面を発見したのである。

私の――もしくはわれわれの――経験が他の人たちにもなんらかの役に立ってくれればよいと思う。また日米両国が、それぞれ、かつての経験を役に立てればよいと思う。そして、たとえささやかであれ、両国はそこから利益を引き出してくれたものと信じる。よしんばそうでなかったにせよ、少なくとも私だけにはプラスであったことを、はっきりさせておきたいのである。

訳者あとがき

ハーバート・パッシン教授は社会人類学者として令名が高いが、私にとっては多年の親しい友人である。教授はアメリカにおける知日派の学者の第一人者のひとりとして、日本について多くの優れた著書や論文を発表してきたが、日米下田民間人会議、日米議員交流のオーガナイザーとしても、日米間の相互理解を深めるにあたって貢献されてきた。

このたび、パッシン教授が*Encounter with Japan*を上梓されたが、この本はその労作を全訳したものである。これまで、米陸軍日本語学校がこれほど詳細に書かれることはなかった。その創設の経過、血のにじむような研修の様子、そして研修生たちのその後の活躍ぶりが、生き生きと描き出されている。

非日系人で研修を受けた者二〇〇〇人、そのうち三分の一が戦後の日本とかかわり合ったと著者は語っているが、彼らはさまざまな分野の日本研究家に育っていった。まさに、この〝副産物〟が戦後の友好関係を構築するにあたってきわめて重要な役割を果たしたのだった。陸軍および海軍の日本語学校で蒔かれた種は豊饒な実りをもたらしたのである。

この本のなかでパッシン教授は自分自身の日本との出会いを中心として回想しているが、初めて多くの優秀なアメリカの青年たちが〝日本〟について学ぶようになったということでは、アメリカの日本との出会いでもあったのである。もっとも、悲劇的な戦争がこのような契機となったのは、皮肉なことだったといわなければならない。

教授の日本に関する私的な回想録であるにもかかわらず、巧まずして読む者の眼に新しい視野を拓いてくれる、透徹した「日本論」および「日本人論」となっている。戦中、戦後の日米関係史のひとこまが一人の優れた日本研究者の目で捉えられているのも貴重である。歴史の証言は、今後の日米関係を考えるうえでも重要このうえない。

この本の翻訳にあたっては、まさに苦労したという表現がふさわしいほどまでに、骨を折った。というのは、著者が日本語に精通しており、微妙なニュアンスに至るまで、訳者といっしょに翻訳の草稿を一字一句に至るまで吟味したからである。もっとも、このような作業は、昔話を混じえながら進めたために楽しいものであった。

この本を訳出するのにあたっては、やはり親しい友人である萩原実氏にたいへんお世話になった。萩原氏とパッシン教授の助手である白井眞樹子氏の助力がなければ、翻訳を完成することは、おそらくできなかっただろう。深く感謝したい。

一九八一年九月

加瀬英明

ちくま学芸文庫版訳者あとがき

私がパッシン教授とはじめて会ったのは、一九六七年に静岡県下田で開催されていた下田会議だった。

下田会議は、日米の政治家、知識人が集って、両国の交流を深めるために会合した貴重な場となっていた。

小坂徳三郎氏が主宰していたが、信越化学の一族で、いくつかの内閣で閣僚をつとめていた。

私は三十歳だった。英語ができたので監事という肩書で手伝った。パッシン教授の愛弟子だった、ジェラルド・カーティス氏（後にコロンビア大学教授、東アジア研究所長）も、監事として参加していた。

パッシン教授は下田ではフォード財団を代表する立役者だったから、親しくすることがなかったが、ドナルド・ラムズフェルド下院議員（後にフォード政権の大統領官房長、国防長官）を下田の縄のれんに誘って、多年、ファーストネームで呼び合う親交を結んだ。

私は二十代に入って新聞、雑誌に寄稿していたが、二十七歳で月刊『文藝春秋』誌に評論家という肩書を貰って書くようになった。二年後に、東京放送（ＴＢＳ）が『エンサイクロペディア・ブリタニカ』（大英百科事典）の最初の外国版である日本語版を刊行することになり、英語ができ、学界に知人が多かったから、初代編集長となった。

その翌年、パッシン教授がシカゴのブリタニカ本社から〝お目付役〟として、ヘレン夫人を伴って東京に来た。教授と二人三脚をするうちに、親しくなった。

教授は私よりも二十歳年長だったが、私にとってアメリカ人の数少ない親友として、個人的な悩みまで打ちあけあう仲を結ぶようになった。

今回、ちくま学芸文庫から本書を復刻するのに当たって、訳者だった私に後書きを寄せるよう求められたので、カーティス教授に依頼するよう勧めた。私はカーティス教授と兄弟のように親しい。編集部が教授に連絡したところ、私のほうが「パッシン教授を親しく知っていたから、ふさわしい」と回答があった。

どうして、私がそこまでパッシン教授と親しくなったのか、振り返ってみたい。

ファーストネームのHerbertを短くしたHerbハーブと呼んだが、一つはユダヤ人として、また文化人類学者として、人種差別をすることがいっさいなかったからだ。

私は終戦時に小学生だったが、外交官の子として、戦時下、日本に駐在していた大使館員の子や、ナチスの迫害から日本が救ったユダヤ人の子と遊んだ。なかに音楽家のシャピロ夫妻がいて、東京生まれの長男のアイザックは後にアメリカ政府特別通商代表、ニューヨークのジャパン・ソサエティ会長となった。いまでも、次男のジェイコブは親友である。そんなことから、私はアメリカや、ヨーロッパにおける反ユダヤ主義に強く反発していた。

また私が大多数の日本人のように、アメリカに憧れを懐いていなかったことや、父親の教育によって、日本の古典や漢籍に馴染んでいたことも手伝ったのだろう。先の対米戦争について、日本が正しかったと客観的に主張する若者が珍しかったこともあったろう。

教授から多く教えられた。なかでも物事をすぐに断定せずに、相対的に見ることを学んだ。教授は誰に対してもやさしかった。よき聴き役だった。いまでも、人生の師だったと思っている。

カーティス教授も、パッシン教授が「人生の師」だったと語っている。魅力に溢れた人だった。

私は食事について「男は美味しい、不味《まず》いといってはならない」と厳しく躾《しつ》けられて育ったために、教授から美食が罪ではないことを教わった。メキシコ先住民の研究など、文化人類学者だったから、食物について蘊蓄《うんちく》が深かった。

教授は学問も、あらゆることについて学ぶことを、真剣に楽しんだ。食事についても、同じことだった。生き生きと生きるために、生命《いのち》を与えられたことを覚らされた。

日本の和の文化と、個人を中心とする文化の違いを、肌で知らされた。

教授はフォード財団顧問として、日本の学者をアメリカに招くことをしていた。ある時、私に「日本の学者グループがニューヨークを訪れると、最高級のレストランに案内するが、ウェイターがメニュウを配ると、全員が『お任せします』という。ぼくはそういわれると表情にださないが、血が逆流する思いがする。高級レストランに案内するのは、自分の好みに合わせて、食事をとるのを楽しんでもらうためなのに、そういわれるとこの店は何を頼んでも同じだと、いわれたようなのだ」といった。

日本は据え膳だから合わせる文化だが、西洋では飲食にも自己主張が現われている。

私は教授とときに英語、ときに日本語で話した。日本語だと互いに心もち姿勢が屈み、英語になると主張しあうので、姿勢が正しくなるだけでなく、語気が強くなることに気付いた。私はいまでも、英語で私—Iと大文字で書くたびに違和感を覚える。なぜ自分だけが大文字で、you, he, she, they, we は小文字なのか。

教授も私から学ぶことが、多かったと思う。

論理は対立を招くから、日本では「理屈」といって、さげすむ。夏目漱石と正岡子規は親友だったが、ある時、大喧嘩をしたあとで、子規が漱石に宛てて、「理屈雪隠《せっちん》攻めはやめてほしい」と、送った手紙がのこっていると話した。

漢字の「屈」は、「曲がる、軋《きし》む」を意味している。米陸軍日本語学校では「雪隠」(便所）という言葉を教えていなかったので、私が一本取った。

教授に「日本では明治に入るまで、日本語に『個人』という言葉が存在しなかった〝和の文化〟だから、わたし、わたくし、ぼく、俺、自分、小生、愚生……というように、互いに相手に合わせて、自分のありかたを変えます。英語は敬語に乏しいから、態度で示さなければならないので、卑しくみえますね」といったら、「そりゃ、おもしろい」と誉められた。

教授と、遊びとしてさまざまなことを論じるのは、楽しかった。しばしば意見が衝突したが、私が奇問を発すると、教授は博識で中庸の人だったから、反応を引き出すたびに勉強になった。

私が「英語は必要とする者だけが学べばよい。日本の中学教育で英語を必修にすべきでない、一般の国民が英語ができないと恥しいと思う風潮は、国民精神を衰えさせる」と批判して、「国民が幕末から明治にかけて英語ができなかったから、西洋帝国主義の脅威を撥ねつけて、独立を全うできた」といったところ、私が「アマノジャクだから、おもしろい」とまた褒められた。英語には「アマノジャク」に当たるかわいげがある言葉がない。

もちろん、教授は日本語が堪能だった。小料理屋で焼酎を頼んだら、女将が「え、焼酎おのみですか」と驚いたところ、「ショッチュウ、ショウチュウのみますよ」と切り返した。当意即妙だった。当時は、西洋人が箸を使うと、「お上手ですね」と驚かれた時代だった。

私は三十代後半で、リベラルな知識人の月刊誌『自由』（自由社、右派社会党の石原萠記社長）の編集委員会代表を、竹山道雄氏のあとを継いだ。『自由』はフォード財団の資金援助をえていたので、教授といっそう親しくなった。私は社会党右派の松本三郎氏、江田三郎氏などを応援していた。

教授は、コロンビア大学社会学部長だった。私が「なぜ未開部族を研究するのが、文化人類学《アンソロポロジー》で、先進諸国の社会を研究するのが、社会学《ソシオロジー》なんですか？　キリスト教徒の思いあがりでしょう」と揶揄《からか》うと、答に窮した。日本はペルリ提督によって、文明開化を強いられたために、社会学の対象となっていた。

教授はフランス語、スペイン語も、流暢だった。パリを愛していた。バイリンガル以上で、多文化に棲《す》むと頭がよくなる（私を例外として）といわれる。

私は英語屋を自任しているが、英語力では岡倉天心、新渡戸稲造などの先人に遠く及ばない。ある時、気付いて狼狽《うろた》えたが、天心、新渡戸などが日本を護るために英語を学んだのに対して、私は恥しいことに自分のために学んだ。動機が違っていたのだ。

ところで、米軍日本語学校の出身者としては、私は『源氏物語』、川端文学の優れた訳者として有名な、エドワード・サイデンステッカー教授とも昵懇《じっこん》にしていた。「サイデンさん」と呼んだが、下町をこよなく愛好していたので、山の手で育った者として、下町文化のよい案内役をえた。永井荷風文学をよく理解できるようになった。

私はそれまで『源氏物語』を、製紙、香料の産業史の本として読んでいたが、サイデンさんの導きによって、王朝文学として親しむことができた。

サイデンさんが米寿になった時に、拙宅において四十人あまりの男女の友人が集まって祝った。その六年後、東京で亡くなったが、生前愛していた上野池端の会館でお別れの会が催され、丸谷才一氏、ドナルド・キーン氏など五百人以上の親しかった人々が参集した。私が献杯の辞を述べた。

サイデンさんはキーン氏と同じ海軍日本語学校の卒業生で、硫黄島の攻略戦に加わった。日本では英語を「敵性語」として使うことも、学ぶことも禁じたが、アメリカは今日でも敵国の言葉を積極的に学ぶ。やはり覇権国家なのだ。

本書はパッシン教授と相談しながら、翻訳を進めた。そのために本書の英語版“*Encounter with Japan*”（講談社インターナショナル、一九八三年）とは必ずしも精確に対応しないことを、お断りしたい。

本書は一九八一年九月、ＴＢＳブリタニカより刊行された。

ちくま学芸文庫

米陸軍《べいりくぐん》日本語《にほんご》学校《がっこう》

二〇二〇年四月十日　第一刷発行

著者　ハーバート・パッシン
訳者　加瀬英明（かせ・ひであき）
発行者　喜入冬子
発行所　株式会社　筑摩書房
東京都台東区蔵前二―五―三　〒一一一―八七五五
電話番号　〇三―五六八七―二六〇一（代表）
装幀者　安野光雅
印刷所　中央精版印刷株式会社
製本所　中央精版印刷株式会社

ISBN978-4-480-09973-0 C0195